Kirsti Dautzenberg · Doris Fay · Patricia Graf (Hrsg.)

Frauen in den Naturwissenschaften

Kirsti Dautzenberg · Doris Fay
Patricia Graf (Hrsg.)

Frauen in den Naturwissenschaften

Ansprüche und Widersprüche

VS VERLAG

Bibliografische Information der Deutschen Nationalbibliothek
Die Deutsche Nationalbibliothek verzeichnet diese Publikation in der
Deutschen Nationalbibliografie; detaillierte bibliografische Daten sind im Internet über
<http://dnb.d-nb.de> abrufbar.

Diese Publikation wird aus Mitteln des Bundesministeriums für Bildung und Forschung und
aus dem Europäischen Sozialfonds der Europäischen Union gefördert:

GEFÖRDERT VOM

EUROPÄISCHE UNION

1. Auflage 2011

Alle Rechte vorbehalten
© VS Verlag für Sozialwissenschaften | Springer Fachmedien Wiesbaden GmbH 2011

Lektorat: Cori Mackrodt

VS Verlag für Sozialwissenschaften ist eine Marke von Springer Fachmedien.
Springer Fachmedien ist Teil der Fachverlagsgruppe Springer Science+Business Media.
www.vs-verlag.de

 Das Werk einschließlich aller seiner Teile ist urheberrechtlich geschützt. Jede
Verwertung außerhalb der engen Grenzen des Urheberrechtsgesetzes ist
ohne Zustimmung des Verlags unzulässig und strafbar. Das gilt insbesondere
für Vervielfältigungen, Übersetzungen, Mikroverfilmungen und die Einspei-
cherung und Verarbeitung in elektronischen Systemen.

Die Wiedergabe von Gebrauchsnamen, Handelsnamen, Warenbezeichnungen usw. in diesem
Werk berechtigt auch ohne besondere Kennzeichnung nicht zu der Annahme, dass solche
Namen im Sinne der Warenzeichen- und Markenschutz-Gesetzgebung als frei zu betrachten
wären und daher von jedermann benutzt werden dürften.

Umschlaggestaltung: KünkelLopka Medienentwicklung, Heidelberg
Fotos (sofern nicht anders ausgewiesen): Liane Hentschke
Gedruckt auf säurefreiem und chlorfrei gebleichtem Papier
Printed in Germany

ISBN 978-3-531-18352-7

Inhalt

Vorwort 7
Kirsti Dautzenberg / Doris Fay / Patricia Graf

Geschlechterdifferente (Wissenschafts-)Karrieren –
Fakten, Theorien und Denkanstöße 11
Annett Hüttges / Doris Fay

Frauenkarrieren in der Wissenschaft –
eine vergleichende Analyse des Status quo 19
Patricia Graf / Kirsti Dautzenberg / Nadja Büttner / Sylvia Schmid
    Mit Kommentaren und Porträts von *Bärbel Kerber*

Erklärungsansätze der außerhochschulischen Forschungseinrichtungen
zur Unterrepräsentation von Frauen 47
Patricia Graf
    Mit Kommentaren und Porträts von *Bärbel Kerber*

Organisationsstrukturen und ihr Einfluss auf die
Karriereentwicklung von Wissenschaftlerinnen 59
Patricia Graf / Sylvia Schmid
    Mit Exkursen von *Annett Hüttges* sowie
    einem Interview und Porträts von *Bärbel Kerber*

Wie geht es weiter 107
Kirsti Dautzenberg / Doris Fay / Patricia Graf

Literaturverzeichnis 109

Abkürzungsverzeichnis 115

Die Autorinnen 117

Vorwort

Frauen haben sich erfolgreich die Forschung erobert – nicht aber deren Führungspositionen. Vor allem die deutsche außerhochschulische Forschung befindet sich fest in der Hand der Männer. Die Zahl der Institutsleiterinnen betrug dort im Jahr 2009 nur 7 % (Gemeinsame Wissenschaftskonferenz 2010).
Wie kann diese Kluft zwischen den Geschlechtern erklärt werden? Warum ist der Anteil der weiblichen Professoren so klein? Und was kann getan werden, um die Karrieremöglichkeiten von Wissenschaftlerinnen zu verbessern? Diesen Fragen widmet sich der vorliegende Sammelband. Anhand von Analysen und Beispielen zeigt er speziell für die außerhochschulische Forschungslandschaft, welche Positionen Wissenschaftlerinnen innehaben, wie sie vorankommen und welche Bedeutung die Organisationsstrukturen dabei haben.
Grundlage des Sammelbandes ist das vom Bundesministerium für Bildung und Forschung (BMBF) geförderte Projekt „Frauen und ihre Karriereentwicklung in naturwissenschaftlichen Forschungsteams". Die interdisziplinäre Zusammenarbeit an der Universität Potsdam unter dem Dach des Potsdam Transfer zwischen der Professur für Innovationsmanagement und Entrepreneurship und der Professur für Arbeits- und Organisationspsychologie zielt darauf ab, die Hintergründe geschlechtsspezifischer Karriereverläufe in der außerhochschulischen naturwissenschaftlichen Forschung aus der Perspektive der dort etablierten Organisationsstrukturen genauer zu verstehen. Das Projekt ordnet sich der Förderlinie „Frauen an die Spitze" des BMBF und dem Förderbereich „Strategien zur Durchsetzung von Chancengleichheit für Frauen in Bildung und Forschung" zu.
Bei den Beiträgen des Sammelbandes handelt es sich um ein Wechselspiel der wissenschaftlichen Ergebnisse des Projektes mit Kommentaren, Kurzporträts und Interviews von Forschungsbeteiligten und –unbeteiligten. Als ein zentrales Projektergebnis werden eigene statistische Erhebungen zur aktuellen Personalsituation in außerhochschulischen Forschungseinrichtungen vorgestellt. Dieser Status quo schließt sich den wiederholten Fortschreibungen des Datenmaterials zu Frauen in Hochschulen und außerhochschulischen Forschungseinrichtungen durch die GWK an und zeigt erstmals *fachspezifisch* auf, dass auch im Jahr 2010 eine deutliche Geschlechterdifferenz mit Blick auf wissenschaftliche Karriereverläufe

vorzufinden ist. Diese Statistiken bleiben jedoch nicht unkommentiert: Es werden auch die AkteurInnen selbst dazu befragt, wie sie sich die Ursachen dieser Datenlage erklären. Dazu wurden Interviews mit ExpertInnen aus den außerhochschulischen Forschungseinrichtungen geführt.

Das Herzstück der Monografie widmet sich der Frage, wie organisationale Praktiken in den Forschungseinrichtungen Karriereentscheidungen von Frauen und Männern in der Wissenschaft bedingen. Die sich daraus ableitenden Ansprüche, zum Beispiel an wissenschaftliche Exzellenz oder zeitliche Verfügbarkeit, und Widersprüche, zum Beispiel die offensichtliche Unvereinbarkeit von wissenschaftlichen Führungspositionen mit dem Wunsch nach Teilzeitlösungen, stehen im Mittelpunkt der Betrachtung. Daten aus einer deutschlandweiten Onlineumfrage von WissenschaftlerInnen vertiefen diese Befunde.

Und wie werden diese Befunde in den Forschungsinstituten wahrgenommen? Aus der persönlichen Sicht des Vertreters der Landesvereinigung außeruniversitärer Forschung Brandenburg LAUF e.V. werden die vorliegenden Analysen kommentiert und mit (Gegen)Beispielen aus der Praxis verglichen. Sechs Kurzporträts von WissenschaftlerInnen stehen beispielhaft für Karrierewege in der Wissenschaft. Sie ziehen sich durch den Sammelband und zeigen immer wieder auf, wie die dargestellten Phänomene im Alltag gelebt werden, wie mit Hürden, aber auch Chancen in der Wissenschaft umgegangen wird.

Die Autorinnen bieten damit erstmals einen Einblick in Aufstiegs- und Ausstiegsmechanismen der deutschen außerhochschulischen Forschung. Es wird gezeigt, dass trotz aller Unterschiede zwischen der Max-Planck-Gesellschaft (MPG), der Fraunhofer-Gesellschaft (FhG), der Helmholtz-Gemeinschaft Deutscher Forschungszentren (HGF), der Wissensgemeinschaft Gottfried Wilhelm Leibniz (WGL) sowie den Ressortforschungseinrichtungen des Bundes in ihrer Forschungsorientierung, -strategie und Organisationsform doch scheinbar ähnliche Mechanismen zum Ausschluss von Frauen führen. Die außerhochschulischen Forschungsgesellschaften selbst unternehmen derzeit zahlreiche Bemühungen hinsichtlich des Abbaus von Geschlechterungerechtigkeiten. Der Sammelband möchte diese Bemühungen unterstützen und richtet sich an Wissenschaftspolitik und -management sowie PraktikerInnen der Gleichstellungspolitik. Die Kurzporträts und die Perspektive des Potsdamer GeoForschungsZentrums zeigen aber auch Wege für WissenschaftlerInnen auf, wie wissenschaftlicher Alltag trotz dargestellter Barrieren erfolgreich gelebt werden kann.

Ein wichtiger Faktor für die Innovativität wissenschaftlicher Erträge besteht darin, ForscherInnen verschiedenster Perspektiven in einem gemeinsamen Projekt zusammenzubringen. Wir möchten Prof. Dr. Guido Reger posthum für die Initialzündung des Projektes danken, welches letztendlich Wissenschaftlerinnen mit betriebswirtschaftlichem, psychologischem, politologischem und soziologischem Hintergrund vereinigte.

Der vorliegende Sammelband wäre ohne die zahlreiche Unterstützung und helfenden Hände nicht möglich gewesen. Wir danken dem Direktor von Potsdam Transfer, Prof. Dieter Wagner, für die Übernahme der wissenschaftlichen Leitung des Projekts und für seine Unterstützung der Projektinhalte. Ebenso sei Dank an unsere engagierten Hilfskräfte, Nadja Büttner und Liane Hentschke, gerichtet.

Unerlässlich für die gewonnenen Einsichten war die Unterstützung vieler WissenschaftlerInnen und Verantwortlichen in Personal und Verwaltung, die uns im Rahmen von Interviews und Befragungen einen umfangreichen Einblick in ihre berufliche Situation ermöglichten.

Schließlich bedanken wir uns für die kritische und konstruktive Begleitung und den Dialog mit der Praxis bei unserem Projektbeirat, Prof. Dr. Ulrike Busolt, Astrid Gussenstätter, Prof. Dr. habil. Birgit Kamm, Dr. Bärbel Kerber, Dr. phil. Carmen Leicht-Scholten, Dr. Inken Lind sowie Dr. Alexander Rudloff.

Potsdam im September 2011
Kirsti Dautzenberg, Doris Fay und Patricia Graf

Geschlechterdifferente (Wissenschafts-)Karrieren – Fakten, Theorien und Denkanstöße

Annett Hüttges / Doris Fay

Obwohl über die letzten Dekaden hinweg in der beruflichen Gleichstellung von Frauen und Männern Außerordentliches bewegt und erreicht wurde – wenn man sich beispielsweise vergegenwärtigt, dass Frauen in der Bundesrepublik Deutschland bis in die 1970er Jahre ihren Ehemann noch um Erlaubnis fragen mussten, wenn sie einer Berufstätigkeit nachgehen wollten –, bestehen auch heute noch zahlreiche Hinweise auf Geschlechterdifferenzen bei Karrierechancen und beruflichen Aufstiegsmöglichkeiten. Trotz vieler Erfolge beschreiben Begriffe aktueller Debatten wie ‚*gender pay gap*' und ‚gläserne Decke' anhaltende Probleme, die weite Teile der Gesellschaft betreffen. Daraus muss jedoch nicht zwangsläufig auf die Situation im Berufsfeld Wissenschaft geschlossen werden. Speziell die naturwissenschaftlichen Fächerdisziplinen mit ihrem rational geprägten, positivistischen Grundverständnis könnten einen wichtigen Kontrapunkt bei der weiterhin fehlenden Chancengerechtigkeit für Frauen und Männern, insbesondere auf dem Weg in Spitzenpositionen, setzen.

Die Entwicklung der Geschlechterdifferenzen in den größten und umsatzstärksten Unternehmen Deutschlands kann jedenfalls nicht als vorbildhaft gelten: Spitzenpositionen sind hier weiterhin fest in Männerhand. Analysen des Deutschen Instituts für Wirtschaftsforschung (DIW) für das Jahr 2010 verdeutlichen dies beispielhaft anhand der weiblichen Unterrepräsentanz in Spitzengremien wie Aufsichtsräten und Vorständen: Im Jahr 2010 waren Frauen mit einem Anteil von 10,6 % in den Aufsichtsräten der Top-200-Unternehmen vertreten. Knapp 30 % dieser Aufsichtsräte waren ausschließlich mit Männern besetzt. Noch gravierender trat die massive Unterrepräsentanz von Frauen bei den Vorstandspositionen zutage. In den Vorständen der größten und umsatzstärksten Unternehmen war in rund 90 % der Fälle keine einzige Frau im Vorstand. Der Frauenanteil lag in den Top-200-Unternehmen verschwindend gering bei 3,2 %, in den Top-100-Unternehmen/ DAX 30-Unternehmen sogar nur bei 2,2 % (Holst & Schimeta 2011).

Dass diese Ungleichverteilung keine zwangsläufige ist, legt ein Blick über den nationalen Tellerrand nahe. Wie steht Deutschland im internationalen Vergleich da? Aktuelle Vergleichsdaten zwischen elf Ländern zeigen, dass Deutschland zusammen mit Indien das Schlusslicht beim Frauenanteil in den Vorstandspositionen bildet, sogar weit abgeschlagen hinter Schwellenländern wie Brasilien (6 %) oder China (8 %). Dagegen belegen skandinavische Länder die Spitzenplätze, zum Beispiel Schweden mit 17 % oder Norwegen mit 12 % Frauenanteil (Holst & Schimeta 2011).

In der öffentlichen Debatte werden verschiedene Begründungen für die Situation in Deutschland vorgebracht. Gern wird die Frage diskutiert, inwieweit Frauen überhaupt wirkliches Interesse an einer Mitwirkung in Spitzengremien und den damit verbundenen Belastungen und Verpflichtungen hätten. Oder ein Mangel an ausreichend qualifizierten Frauen wird für den Zustand verantwortlich gemacht. Beiden Argumenten lässt sich schnell die Grundlage entziehen, erlaubt man sich einen Blick auf die Entwicklung in Skandinavien. Norwegen hat im Jahr 2003, ausgehend von 6 % Frauenanteil im Vorjahr (2002), eine Quote etabliert, wonach beide Geschlechter zu einem Mindestanteil von 40 % in Aufsichtsräten börsennotierter Unternehmen vertreten sein müssen. Bereits im Jahr 2009 wurde diese Zielgröße – mit einer Vielzahl flankierender Maßnahmen zur Weiterqualifizierung und Vernetzung – erreicht (Holst & Schimeta 2011). Ein Mangel an hinreichend qualifizierten und motivierten Frauen als Ursache für den geringen Frauenanteil in Spitzenpositionen wurde damit in der Praxis eindrucksvoll widerlegt. Und in Deutschland? Zwischen der Bundesregierung und den Spitzenverbänden der deutschen Wirtschaft besteht seit 2001 eine freiwillige Vereinbarung zur Förderung der Chancengleichheit bei Frauen und Männern in der Privatwirtschaft. Trotzdem gibt es in diesen Gremien nahezu keine Bewegung beim Frauenanteil (Holst & Schimeta 2011).

Ein weiterer Aspekt von Karriere, der in der Diskussion um Spitzenpositionen mitunter aus dem Blick gelassen wird, ist die anhaltende Benachteiligung von Frauen bei der Entlohnung von gleichwertiger Arbeit. In Deutschland verdienen Frauen durchschnittlich 23 % weniger als Männer. Dieser Trend ist über viele Jahre relativ stabil geblieben (vgl. Holst 2011). Es verwundert nicht, dass sich Deutschland damit wiederum am Ende der Skala einreiht; nur vier weitere europäische Länder weisen einen größeren *gender pay gap* auf. In der Europäischen Union wird die durchschnittliche Lücke zwischen Frauen und Männern beim Bruttostundenverdienst auf 18 % beziffert (Destatis 2010).

Diese angeführten Statistiken zeigen einmal mehr deutlichen Handlungsbedarf auf: Frauen werden spürbar schlechter bezahlt als ihre männlichen Kollegen und sind in Spitzenpositionen der deutschen Privatwirtschaft seit vielen Jahren massiv unterrepräsentiert. Internationale Vergleiche legen gleichzeitig nahe, dass dies nicht eine Frage mangelnder Qualifizierung oder geringerer Motivation bei Frauen ist. Gerade die Entwicklung in den skandinavischen Ländern zeigt auf, dass *verbindliche Ziele* in vergleichsweise kurzer Zeit eine positive Dynamik entfalten können. Nachdem dieser – gewollt kursorische und keinesfalls erschöpfende – Blick auf den Stand der Frauen in der deutschen Privatwirtschaft die Notwendigkeit zur Veränderung nahelegt, wenden wir uns dem Wissenschaftsbereich zu. Könnte der Wissenschaftsbereich mit gutem Beispiel vorangehen, dem es zu folgen lohnt? Klar definierte und tariflich fixierte Qualifikationsstufen auf dem Weg zur Professur, transparente Evaluationskriterien wissenschaftlicher Exzellenz, eine Fülle gleichstellungspolitischer Maßnahmen und Förderprogramme – das müssten genügend Gründe sein, dass sich in diesem Berufsfeld geschlechterdifferente Karriereverläufe deutlich weniger als in der Privatwirtschaft entwickeln dürften.

1. Frauen in der Wissenschaft

Tatsächlich zeigt die 14. Fortschreibung des Datenmaterials (2008/2009) zu Frauen in Hochschulen und außerhochschulischen Forschungseinrichtungen der Gemeinsamen Wissenschaftskonferenz von Bund und Ländern (GWK), dass es seit Beginn des Vergleichszeitraumes im Jahr 1992 zu teils erheblich gesteigerten Frauenanteilen auf den verschiedenen akademischen Qualifikationsstufen gekommen ist. Dabei sticht besonders hervor, dass vermehrt Frauen in Leitungspositionen an Hochschulen und außerhochschulischen Forschungseinrichtungen berufen werden. Trotz dieser erfreulichen Entwicklung bleiben Frauen absolut gesehen gerade „auf anspruchsvollen Ebenen des Wissenschaftssystems weiterhin deutlich unterrepräsentiert" (Gemeinsame Wissenschaftskonferenz 2010 S. 7). Frauen- und Männeranteile driften im wissenschaftlichen Karriereverlauf wie eine sich öffnende Schere sukzessive auseinander. Interessanterweise findet sich auch in Fächerdisziplinen mit einem mehrheitlichen Frauenanteil beim Studienbeginn und Studienabschluss dieser scherenartige Verlauf, das heißt, die weiblichen Mehrheitsverhältnisse zu Studienbeginn schlagen sich nicht im weiteren Karriereverlauf nieder (Metz-Göckel et al. 2010). Und auch die umgekehrte Situation in Fächerdisziplinen mit einem vergleichsweise geringen Frauenanteil zum Studienbeginn ändert nichts an der relativen Unterrepräsentanz von Frauen in Führungspositionen. Betrachtet man hier den sogenannten *Glass-Ceiling-Index*, der die Aufstiegschancen von Frauen in die höchsten wissenschaftlichen Positionen an den Aufstiegschancen auf Einstiegspositionen relativiert, gelingt es insbesondere den außerhochschulischen Forschungseinrichtungen mit ihrer schwerpunktmäßig naturwissenschaftlich-technischen Ausrichtung schlechter als den Hochschulen und anderen internationalen Forschungseinrichtungen, Frauen in Leitungspositionen zu führen (Gemeinsame Wissenschaftskonferenz 2010). Damit markieren die höheren Qualifizierungs- und Karrierestufen schwer überwindbare, hartnäckige Barrieren für Wissenschaftlerinnen. Wird das Karriereziel Professur dann tatsächlich erreicht, gilt hier: je höher die Besoldungsgruppe, desto geringer der jeweilige Frauenanteil (Gemeinsame Wissenschaftskonferenz 2010).

2. Theoretische Erklärungsansätze

Warum gehen Frauen auf dem Weg an die Spitze verloren? Theoretische Perspektiven einzelner Fachdisziplinen geben dazu sehr unterschiedliche Antworten. Wir greifen hier exemplarisch einige zentrale Erklärungsansätze auf, die auch in das Projekt eingegangen sind: (1) Balancierung und Priorisierung beruflicher und privater Ziele, (2) männliche Karrierekulturen, (3) vergeschlechtlichte Organisationsstrukturen und -prozesse. Klassische Karrieremodelle erklären Geschlechterunterschiede (4) mit einer Wettbewerbsmetapher, in der die erbrachte Leistung die „Aufstiegswährung" darstellt, oder (5) mit der benachteiligenden Wirkung von Geschlechtsrollenstereotypen.

2.1 Balancierung und Priorisierung beruflicher und privater Ziele

Ein prominenter Erklärungsansatz stellt die verschiedenen Rollen, die Personen im Erwachsenenalter einnehmen können – die Rolle des/der Erwerbstätigen, Mutter/Vater, Mitglied im Sportverein, die eigene Rolle als Sohn/Tochter –, in den Vordergrund und dabei insbesondere die Frage, wie diese Rollen und die damit verbundenen Ziele und Anforderungen miteinander vereinbart werden. Dieser Zugang geht von *geschlechterdifferenten Bewältigungsprozessen* bei der Ausbalancierung von Zielen im privaten und beruflichen Bereich aus. Gesichert ist, dass Frauen und Männer bei gleicher Qualifikation ähnliche inhaltliche Berufsziele ausbilden, Frauen jedoch stärker eine Kontextualisierung beruflicher Ziele vornehmen (Hoff et al. 2005). Das bedeutet, dass Frauen stärker als Männer die Konsequenzen beruflicher Zielverfolgung und -erreichung für andere Lebenssphären und Personen berücksichtigen. Damit steigt die Wahrscheinlichkeit des Erlebens von Work-Life-Konflikten, für die Lösungen gefunden werden müssen. Häufig berichten Frauen, beruflich zugunsten der Familie zurückzustecken. Individuelles Wohlbefinden und beruflicher Erfolg waren in empirischen Studien jedoch stärker mit einem Bewältigungsverhalten assoziiert, bei dem partnerschaftlich-familiäre Ziele zeitweise zugunsten beruflicher Ziele weniger priorisiert wurden (Wiese & Freund 2005). In diesem Sammelband reflektieren Wissenschaftlerinnen und Wissenschaftler unterschiedlicher Qualifikationsstufen über ihre aktuelle Karrieresituation und in diesem Zusammenhang auch über ihre individuellen Zielvorstellungen. Dabei werden Probleme der Vereinbarkeit beruflicher und privater Ziele als Ursache geschlechterdifferenter Karriereverläufe thematisiert und damit verbundene Hindernisse, etwa fehlende Mobilität, verdeutlicht.

Wird die Vereinbarkeitsproblematik als Ursache für die Unterrepräsentanz von Frauen in Spitzenpositionen des Wissenschaftsbetriebes diskutiert, drängt sich der Eindruck auf, weibliche Karrieren blieben aufgrund ganz persönlicher, biografisch schlüssig begründbarer und völlig freier Entscheidungen zwischendurch stecken. Soziologische und politikwissenschaftliche Erklärungsansätze betonen jedoch, dass auch strukturelle Merkmale wie zum Beispiel die jeweilige Wissenschaftskultur in den Forschungseinrichtungen und vorgefundene organisationale Bedingungen eine individuelle Entscheidung gegen die Weiterführung der wissenschaftlichen Karriere bis hin zur Professur maßgeblich beeinflussen (vgl. Andresen et al. 1999).

2.2 Männliche Karrierekulturen

Einige Erklärungsansätze rücken die Kultur und Struktur der Organisationen, in denen Erwerbstätigkeit stattfindet, stärker in den Vordergrund. Kreisky (1995) beispielsweise erklärt die Unterrepräsentanz von Frauen in Spitzenpositionen mit einer historisch gewachsenen, informellen Karrierekultur in Organisationen, die sie als „*Männerbünde*" bezeichnet. Folgt man dieser Perspektive, sind Führungs- und Spitzenpositionen in bürokratischen Organisationen fest in Männerhand und werden über „Beziehungsnetze", „Stammtische" und „Seilschaften" auch vorzugsweise exklusiv an Männer weitergegeben. Weibliche Erfahrungen, etwa mit der Kindererziehung, gelten hingegen als wenig förderliche Karrierevoraussetzungen. Damit bleiben Frauen außen vor, wenn es um die Karriere geht. Gleichzeitig werden Gesetze und Richtlinien zur Verbesserung der Chancengerechtigkeit lasch gehandhabt, unterlaufen, ja überhaupt nicht umgesetzt" (S. 114). Das Ordnungsprinzip des Männerbundes muss dabei nicht zwangsläufig bewusst sein und kann durchaus auch in individualistisch geprägten Organisationsstrukturen präsent sein. Für Wissenschaftlerinnen bleibt in einer männlich dominierten Forschungslandschaft der Status von „Alibifrauen", sogenannte *token* (vgl. Kanter 1977). Von ihnen wird erwartet, dass sie sich in ihren beruflichen Verhaltensweisen an der dominanten, männlichen Kultur orientieren (Andresen et al. 1999). Kanter (1977) macht diese Erfahrungen weiblicher Top-Managerinnen als „Alibifrauen" für negative berufliche Erfahrungen und die massive Unterrepräsentanz von Frauen in Spitzenpositionen verantwortlich.

2.3 Vergeschlechtlichte Organisationsstrukturen und -prozesse

Eine weitere, sehr einflussreiche theoretische Entwicklung geht sogar davon aus, dass die sozialen Strukturen und Prozesse in Organisationen als *vergeschlechtlicht* zu bezeichnen sind. Das bedeutet nach Acker (1990), dass auf den ersten Blick geschlechtsneutral erscheinende Arbeitsaufgaben und Organisationsstrukturen eigentlich äußerst geschlechterdifferente Konsequenzen mit sich bringen. Vergeschlechtlichte Strukturen und Prozesse manifestieren sich darin, dass Arbeitsaufgaben nach Rollenstereotypen verteilt und diese Verteilung auch damit begründet wird („Männer können gut mit Technik umgehen, Frauen gut mit Menschen") oder Interaktionen mit beiden Geschlechtern unterschiedlich gestaltet werden (z. B. Frauen bei ihren Diskussionsbeiträgen häufiger als Männer unterbrochen werden). Da sich die Strukturen systematisch an männlichen Selbstverständlichkeiten, Idealvorstellungen und Bedürfnissen orientieren, erwachsen für Frauen daraus weitreichende Karrierenachteile. Selbst transparente Evaluationskriterien können die Vergeschlechtlichung der Organisation nicht wettmachen; vielmehr werden damit vorherrschende, männlich geprägte Organisationsstrukturen erneut bestätigt und bekräftigt (vgl. Stebut 2003).

2.4 Leistungserbringung als Aufstiegswährung in einem „fairen" Wettbewerb

Eine andere Forschungsrichtung greift auf allgemeine Karrieremodelle zurück, um die geschlechtsdifferenten Karriereverläufe zu analysieren. Einer der „Klassiker" unter den Karrieremodellen betrachtet den Aufstieg auf der Karriereleiter als logische Konsequenz der Beiträge des Individuums zu den organisationalen Zielen (Turner 1960). Um Spitzenpositionen entwickelt sich ein fairer Wettbewerb anhand der erbrachten erfolgreichen Leistungsbeiträge. Je besser die berufliche Leistung eines Individuums, desto höher sind seine Beiträge zu den Organisationszielen und folglich umso höher die Wahrscheinlichkeit des beruflichen Aufstiegs. Dabei ist nicht nur die Leistungserbringung an sich relevant, sondern auch deren Sichtbarkeit im Unternehmen. Als Voraussetzung für die Erbringung der Leistung wird das sogenannte „Humankapital" betrachtet, also Fähigkeiten, Wissensbestände und berufliche Erfahrungen (Ng et al. 2005).

Wird dieses Modell auf geschlechtsdifferente Karriereverläufe angewendet, dann versucht man vorgefundene Unterschiede zwischen Frauen und Männern durch Unterschiede hinsichtlich des Humankapitals, ihrer beruflichen Leistungen und der Sichtbarkeit ihrer Leistungen zu verstehen. Trifft dieser Erklärungsansatz zu, müssten diese Leistungskriterien von männlichen und weiblichen WissenschaftlerInnen in unterschiedlichem Maße erfüllt sein. In einem Kurzbeitrag des

Sammelbandes wird diese These anhand empirischer Befunde des Projektes näher beleuchtet (vgl. den Exkurs von Annett Hüttges zu zeitlicher Verfügbarkeit in diesem Band). Konkret wird der Frage nachgegangen, inwieweit Unterschiede in der Sichtbarkeit durch Konferenzbeiträge, international hochrangige Publikationen und Gutachtertätigkeit im Fachgebiet bestehen und ob diese Faktoren gleichermaßen für weibliche und männliche Wissenschaftskarrieren als Erfolgsfaktor gelten.

Vergleichbar mit den Ergebnissen einer aktuellen Meta-Analyse zu Geschlechterdifferenzen bei beruflichen Leistungen (Roth et al. in press) finden auch wir mehr Ähnlichkeiten als Unterschiede zwischen Männern und Frauen. Die Vorstellung, dass Frauen weniger leistungsstark als Männer seien, lässt sich empirisch nicht bestätigen. Die AutorInnen der Meta-Analysen finden allerdings eine deutliche Bevorzugung von Männern gegenüber Frauen, wenn es um die Einschätzung des individuellen Potenzials von Personen für Beförderungen geht (Roth et al. in press).

2.5 Geschlechtsrollenstereotype

Hier setzt ein weiterer zentraler Erklärungsansatz für vorgefundene geschlechterdifferente Karriereverläufe an. Obwohl Männer und Frauen offenbar vergleichbare berufliche Leistungen erbringen, erhalten sie möglicherweise unterschiedliche karriererelevante *Chancen*. Dafür könnten weit verbreitete, tradierte Vorstellungen davon, welche Kompetenzen Männer und Frauen in besonderem Maße aufweisen, verantwortlich sein. Diese Geschlechtsrollenstereotype schreiben beiden Geschlechtern unterschiedliche Attribute zu: Männer sind demnach vor allem zielstrebig, aggressiv, unabhängig und entscheidungsfreudig, Frauen hingegen in der Regel fürsorglich und beziehungsorientiert (Heilman, 2001). Werden Personen gefragt, was für sie persönlich eine gute Führungskraft auszeichnet, werden hauptsächlich typisch männliche Attribute genannt. Damit verbindet sich, wie eine Reihe eindrucksvoller experimenteller Studien (z. B. Heilman & Haynes 2005) aufzeigen, dass Frauen schlechtere Leistungseinschätzungen erhalten als Männer. Mit anderen Worten: Eine vergleichbare Leistung wird im Verhältnis zu einem Mann weniger gut bewertet, wenn sie von einer Frau erbracht wird. Erfolgreiche weibliche Führungskräfte werden im Vergleich zu männlichen Führungskräften als weniger kompetent wahrgenommen, auch wenn kein Zweifel an ihrem individuell erbrachten exzellenten Beitrag besteht. Ihre Erfolge werden eher als Ergebnis von Zufällen oder „Glück" bewertet und auf einen kleinen Ausschnitt beruflichen Handelns reduziert. Gleichzeitig wird häufiger als bei männlichen Führungskräften vermutet, dass die exzellente berufliche Leistung nur durch die Hilfe eines einflussreichen Mentors zustande gekommen ist (Heilman 2001). Übertragen auf das Berufsfeld Wissenschaft wurde im Rahmen des Projektes das Wirksamwerden stereotyper

Kompetenzzuschreibungen untersucht. Es wurde geprüft, inwiefern Kompetenzen mit hoher Relevanz für eine Wissenschaftskarriere eher weiblichen Wissenschaftlerinnen, eher männlichen Wissenschaftlern oder geschlechtsneutral zugeschrieben werden (vgl. den Exkurs von Annett Hüttges zu Sichtbarkeit in diesem Band). Die Ergebnisse werfen die Frage auf, ob daraus eine unterschiedliche Zuweisung beruflicher Chancen resultieren könnte, die sich langfristig in geschlechterdifferenten Karriereverläufen niederschlägt.

In der Zusammenschau der berichteten theoretischen Erklärungsansätze für geschlechterdifferente Karriereverläufe wird ersichtlich, dass der Problematik durch einseitige Schuldzuschreibungen nur wenig beizukommen ist. Indem wir das Wechselspiel aus individuellen Bewältigungsprozessen einerseits und etablierten organisationalen Strukturen mit ihren daraus folgenden Ansprüchen, Widersprüchen und Karrierechancen andererseits genauer untersuchen und verstehen, können wir einen Erkenntnisbeitrag dazu leisten, wie auch in Deutschland spürbar mehr Frauen bis an die Sitze des Wissenschaftsbetriebes gelangen.

Frauenkarrieren in der Wissenschaft. Eine vergleichende Analyse des Status quo

Patricia Graf / Kirsti Dautzenberg / Nadja Büttner / Sylvia Schmid

Das deutsche Wissenschaftssystem ist nach wie vor von einer deutlichen Geschlechterdifferenz geprägt. Im Jahr 2008 betrug der Anteil von Frauen an den SchulabgängerInnen mit Hochschulzugangsberechtigung 53,4 % und der Universitätsabsolventinnen 56,8 %, jedoch waren nur 17,4 % der Professuren weiblich besetzt (Gemeinsame Wissenschaftskonferenz 2010). In den außerhochschulischen Forschungseinrichtungen ist dieses Ungleichgewicht noch stärker ausgeprägt. Auch hier nimmt der Anteil der Frauen mit zunehmendem beruflichen Status ab, nur 14 % der Professuren waren hier im Jahr 2008 weiblich besetzt (Gemeinsame Wissenschaftskonferenz 2010). Ein Längsschnittvergleich zeigt jedoch, dass im Vergleich zum Jahr 1992 im Jahr 2008 9,4 % mehr Frauen die Führungspositionen der außerhochschulischen Einrichtungen besetzten.

Im Fokus des folgenden Beitrags steht das Ungleichgewicht von Frauen und Männern in Führungspositionen in den außerhochschulischen Einrichtungen. Zur Untersuchung von Fächerunterschieden wurden im Jahr 2009/10 im Rahmen des Projektes Personaldaten der außerhochschulischen Forschungseinrichtungen erhoben, da die kontinuierlichen Analysen der Gemeinsamen Wissenschaftskonferenz zwar die außerhochschulischen Einrichtungen abdecken, aber keine fächerspezifische Analyse zulassen. Qualitative Analysen zu einzelnen Fachbereichen oder Gesellschaften der außerhochschulischen Forschung ließen bereits vermuten, dass die Tendenz der Karriereentwicklung von Wissenschaftlerinnen in diesem Forschungsbereich vergleichbar mit der an Hochschulen ist (Stebut 2003; Gülker & Böhmer 2010; Matthies & Zimmermann 2010). Es lagen jedoch keine Daten vor, die die einzelnen Disziplinen nach Geschlecht und Vergütungsgruppe bzw. Qualifikationsstufe aufgliedern. Im Detail wurden für den nachfolgenden Beitrag fächerspezifische Personaldaten der Fraunhofer-Gesellschaft (FhG), Helmholtz-Gemeinschaft Deutscher Forschungszentren (HGF), Max-Planck-Gesellschaft (MPG) sowie Wissensgemeinschaft Gottfried Wilhelm Leibniz (WGL) erhoben. Institute der Ressortforschung wurden in dieser Erhebung nicht berücksichtigt. Die Daten wurden von den zuständigen Personalreferaten der Dachgesellschaften zur Verfügung gestellt. Die HGF lieferte Daten für das Jahr 2008, die WGL und FhG für 2009. Stichtag für die Daten der MPG war der 01.01.2010.

Die Vergütungsgruppen und Funktionen orientieren sich an der Sonderauswertung des Center of Excellence Women in Science (CEWS) zur außerhochschulischen Forschung. Eine fächerspezifische Aufgliederung der Daten wurde aufgrund der Interdisziplinarität der Institute von Seiten der Dachgesellschaften als sehr schwierig angesehen. Als Lösung bot es sich an, die den Gesellschaften zugehörigen Institute nach deren selbstgesetzten Forschungsschwerpunkten, in Rücksprache mit den Personalverantwortlichen der Dachgesellschaften, einzelnen Fächern zuzuordnen. Im Fall der WGL und MPG konnte ausgehend von dieser Gliederung eine Datenmaske mit entsprechender Fächeraufteilung an die Gesellschaften geliefert werden. Entsprechend diesem Vorgehen wurden von den Gesellschaften unterschiedliche Daten geliefert. Die WGL untergliederte die Daten nach Sektionen, die MPG und HGF nach Fächern mit einer Aufschlüsselung der zugehörigen Institute und die FhG nach den Fächern, in denen die MitarbeiterInnen ihren jeweils höchsten Studienabschluss erzielt hatten. Bei der FhG liegen nur Daten zur Vergütungsgruppe, nicht aber zur Position (DoktorandIn, Postdoc) und Funktion (Abteilungs-, Institutsleitung) vor, sodass sie nicht in entsprechende Analysen einbezogen werden kann.

Anhand der gelieferten Daten konnte die Einteilung in die folgenden vier Fächergruppen vorgenommen werden:

- Geistes- und Sozialwissenschaften
- Umweltwissenschaften
- Lebenswissenschaften
- Mathematik-, Natur- und Ingenieurwissenschaften

Einen Sonderstatus nimmt die Biologie ein. Im Fall der WGL und FhG ist die Biologie den Lebenswissenschaften zugeordnet, bei der MPG und HGF den Naturwissenschaften (vgl. Tabelle 1).

Frauenkarrieren in der Wissenschaft. Eine vergleichende Analyse des Status quo 21

Tabelle 1: Fächerzuordnung nach Forschungsgesellschaften

Geistes- und Sozialwissenschaften		Lebenswissenschaften	Mathematik-, Natur- und Ingenieurwissenschaften	Umweltwissenschaften	
Geisteswissenschaften und Bildungsforschung	Wirtschafts-, Sozial, und Raumwissenschaften (Humangeographie)	Medizin, Biologie etc.	Mathematik-, Natur- und Ingenieurwissenschaften (Physik, Chemie)	restliche Geographie	WGL
Geisteswissenschaften und Bildungsforschung	Wirtschafts-, Sozial, und Raumwissenschaften (Humangeographie)	Medizin, Biologie etc.	Mathematik-, Natur- und Ingenieurwissenschaften (Physik, Chemie)	restliche Geographie	FhG
Geistes- und Sozialwissenschaften		Medizin	Mathematik und Physik sowie Chemie und Biologie	nicht vorhanden	MPG
nicht vorhanden		Medizin	Naturwissenschaften (Physik)	Geographie	HGF
Sprach- und Kulturwissenschaften; Sport, Rechts-, Wirtschafts- und Sozialwissenschaften, Kunst (-wissenschaften)		Humanmedizin/ Gesundheitsmedizin; Veterinärmedizin	Mathematik-, Natur- und Ingenieurwissenschaften; Agrar-, Forst- und Ernährungswissenschaften	nicht vorhanden	Hochschule

Trotz der geschilderten Problematik in der Erhebung und der sich daraus ergebenden Schwierigkeiten hinsichtlich der Vergleichbarkeit ist eine fächerspezifische Analyse der Forschungsgesellschaften bezogen auf den Anteil an WissenschaftlerInnen in den einzelnen Statusgruppen aufschlussreich.

Im nachfolgenden Beitrag werden zunächst die außerhochschulischen Forschungseinrichtungen den Hochschulen in Bezug auf allgemeine Geschlechterdifferenzen gegenübergestellt. Danach werden Fächerspezifika der außerhochschulischen Forschungseinrichtungen in den Blick genommen und abschließend Frauen in der Wissenschaft auf internationaler Ebene verglichen.

1. Außerhochschulische Forschungseinrichtungen und Hochschulen im Vergleich

Bereits bei einem fächerunspezifischen Vergleich der Situation von Frauen an Hochschulen und an außerhochschulischen Forschungseinrichtungen wird die Eingangsanmerkung zur geringeren Frauenbeteiligung in außerhochschulischen Forschungseinrichtungen bestätigt (vgl. Abbildung 1). Mit Ausnahme der W2-/C3-Professuren weisen die außerhochschulischen Forschungseinrichtungen über alle Besoldungsgruppen hinweg durchgängig geringere Frauenanteile als die Hochschulen auf. Diese Diskrepanz verstärkt sich mit steigender Vergütungsgruppe und ist am stärksten bei den Spitzenpositionen (C4/W3). So waren im Jahr 2008 33,9 % der WissenschaftlerInnen in den außerhochschulischen Forschungseinrichtungen in der untersten Statusgruppe (E12 und E13) weiblich. In der höchsten Statusgruppe (C4-/W3-Professuren) waren dagegen nur 7,9 % aller Positionen mit Frauen besetzt (Gemeinsame Wissenschaftskonferenz 2010).

Abbildung 1: Frauenanteil am wissenschaftlichen Personal an außerhochschulischen Forschungseinrichtungen und Hochschulen nach Besoldungsgruppen (in %), 2008

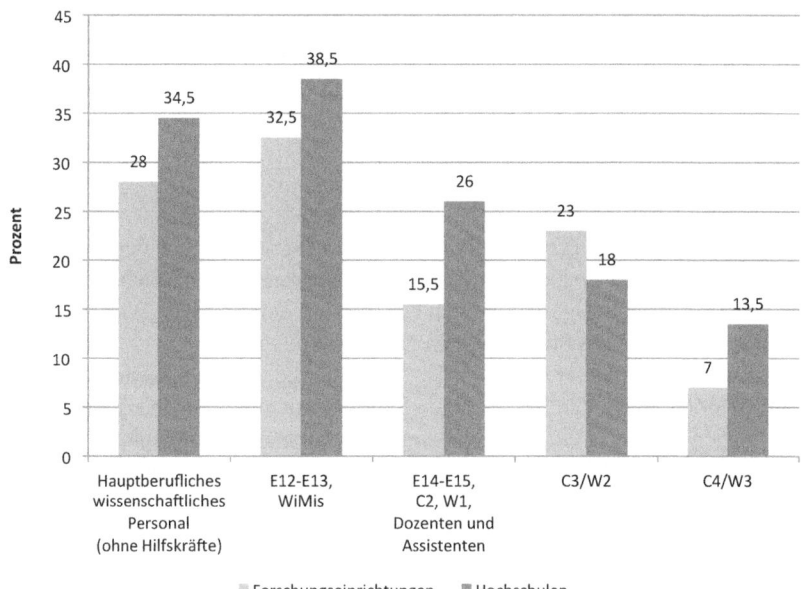

Quelle: Gemeinsame Wissenschaftskonferenz 2010, S. 31.

Diese Beobachtung bestätigt sich auch bei der Auswertung nach Positionen (vgl. Abbildung 2). So sind in den außerhochschulischen Forschungseinrichtungen über

Frauenkarrieren in der Wissenschaft. Eine vergleichende Analyse des Status quo   23

45 % der studentischen bzw. wissenschaftlichen Hilfskräfte weiblich. Diese Position dient laut Aussage von Personalverantwortlichen in der außerhochschulischen Forschung oft als erster Schritt in die Wissenschaftskarriere (vgl. den Beitrag von Patricia Graf & Sylvia Schmid in diesem Band).[1] Nichtsdestotrotz nimmt mit zunehmender Qualifikationsstufe die Zahl der Frauen zur jeweils nächsthöheren Position systematisch ab. Der größte Ausstieg von Frauen in den außerhochschulischen Forschungseinrichtungen zeigt sich an der Schwelle von der Position des Postdoc (35,6 % Frauen) zur Professur (14 % Frauen). In den Hochschulen dagegen verringert sich der Anteil an Frauen im besonderen Maße bereits zwischen den Karrierestufen Promotion und Habilitation. Letztlich beträgt der Anteil von Frauen an Professuren sowohl in den Hochschulen als auch in den außerhochschulischen Forschungseinrichtungen weniger als 20 %.

Abbildung 2: Frauenanteil an außerhochschulischen Forschungseinrichtungen und Hochschulen nach Positionen (in %)

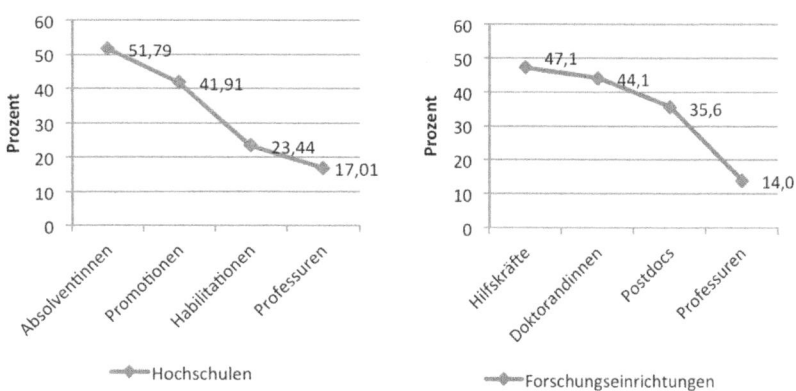

Quelle: Gemeinsame Wissenschaftskonferenz 2010, S. 6; eigenes Datenmaterial

Bei der Analyse der weiblichen Professuren in den außerhochschulischen Forschungseinrichtungen wird deutlich, dass der Frauenanteil an W2-Professuren höher liegt als in den Hochschulen (vgl. Abbildung 3). Das gute Abschneiden bei

---

1   Auch an den Hochschulen dient die Position der wissenschaftlichen Hilfskraft oft als Zugang zu einer Promotionsstelle. Leider liegen für die Hochschulen aber keine entsprechenden Zahlen vor, sodass die Zahl der AbsolventInnen aufgeführt wird.

den W2-Professuren, bei denen es sich i. d. R. um Neuberufungen handelt, lässt einen Wandel des Wissenschaftssystems vermuten. Laut der Gemeinsamen Wissenschaftskonferenz (Gemeinsame Wissenschaftskonferenz 2010) ist der hohe Frauenanteil an W2-Professuren vor allem auf die MPG und das dort etablierte W2-Minerva-Programm zur Förderung hervorragender Wissenschaftlerinnen zurückzuführen. In der WGL, HGF und MPG zusammengenommen liegt der Frauenanteil an den W2-Professuren bei 29 %. In den Spitzenpositionen (C4-Professuren) sind Frauen dagegen deutlich unterrepräsentiert. Es ist damit sowohl an den Hochschulen als auch an den außerhochschulischen Forschungseinrichtungen eine vertikale Segregation zu beobachten, d. h., mit steigender Besoldungsgruppe und Position der Professur sinkt der Frauenanteil. Ein Blick in die Fachgebiete wird im Folgenden zeigen, ob diese Tendenz fächerspezifische Unterschiede aufweist.

Abbildung 3: Frauenanteil an außerhochschulischen Forschungseinrichtungen und Hochschulen nach Besoldungsgruppen der Professuren (in %)

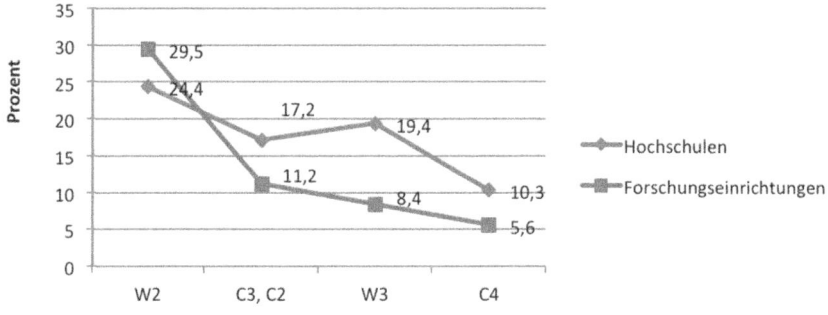

Quelle: Gemeinsame Wissenschaftskonferenz 2010, S. 30/83; eigenes Datenmaterial

2. Fächergruppenspezifische Gegenüberstellung der außerhochschulischen Forschungseinrichtungen und Hochschulen

Neben dieser allgemeinen Entwicklung über alle Disziplinen hinweg ist ein Blick auf die einzelnen Fächergruppen interessant (vgl.Abbildung 4). An den Hochschulen war im Jahr 2008 der Frauenanteil bei den AbsolventInnen in der Fächergruppe Sprach- und Kulturwissenschaft mit 77 % sowie in den Lebenswissenschaften mit 63,4 % überdurchschnittlich hoch. In den Fächergruppen Mathematik, Natur- und Ingenieurwissenschaften war dagegen mit knapp 32 % ein unterdurchschnittlicher

Frauenanteil zu verzeichnen. In den außerhochschulischen Forschungseinrichtungen lassen sich vergleichbare Fächertendenzen wie an den Hochschulen identifizieren (vgl. Abbildung 5). Über alle Positionen hinweg verfügt die Fächergruppe Mathematik, Natur- und Ingenieurwissenschaften über den geringsten Anteil an Frauen.

Ein Blick auf die dargestellten Fächer zeigt, dass an den Hochschulen nur im Fall der Geistes- und Sozialwissenschaften der höchste Frauenverlust bereits vor der Promotion stattfindet. In den übrigen Fächern erfolgt die größte Abnahme des Frauenanteils zwischen Promotion und Habilitation, dies ist besonders eklatant in den Lebenswissenschaften mit knapp 25 %. Für die außerhochschulischen Forschungseinrichtungen kann über alle Fachrichtungen hinweg der eingangs konstatierte höchste Verlust zwischen den Karrierestufen Postdoc und Professur bestätigt werden. Am drastischsten zeigt sich dieser Frauenverlust mit knapp 35 % in den Umweltwissenschaften. Eine Gegenüberstellung der Geistes- und Sozialwissenschaften zeigt, dass ein gutes Drittel der Absolventinnen dieser Disziplinen im Hochschulsystem keine Promotion anschließt. An den außerhochschulischen Forschungseinrichtungen dagegen entspricht der Anteil der promovierten Frauen dem der Studentinnen, die als Hilfskräfte arbeiten, d. h., an dieser Stelle gehen kaum Geistes- und Sozialwissenschaftlerinnen verloren. Für Geistes- und Sozialwissenschaftlerinnen ist eine Stelle als wissenschaftliche Hilfskraft somit eine gute Eintrittskarte ins Wissenschaftssystem außerhochschulischer Forschung. In der Fächergruppe Mathematik-, Natur- und Ingenieurwissenschaften gehen zwischen den Positionen Hilfskraft und Doktorandin bereits 8 % der Wissenschaftlerinnen verloren.

Insgesamt bleibt festzuhalten, dass sich bei einem vergleichbaren Anteil an Absolventinnen bzw. studentisch-wissenschaftlichen Hilfskräften der Prozentsatz an Professorinnen sowohl in den Hochschulen als auch in den außerhochschulischen Forschungseinrichtungen in der jeweiligen Disziplin auf ähnlich niedrigem Niveau befindet. Den höchsten Anteil halten die Professorinnen der Geistes- und Sozialwissenschaften, den niedrigsten die der Mathematik-, Natur- und Ingenieurwissenschaften. In den außerhochschulischen Forschungseinrichtungen bilden zudem die Umweltwissenschaften mit nur 5,5 % Professorinnen das Schlusslicht – und dies obwohl sie eine bessere Ausgangslage an wissenschaftlichen Hilfskräften bzw. Doktorandinnen vorweisen als die Mathematik-, Natur- und Ingenieurwissenschaften. Zusammenfassend bestehen für Frauen in beiden Wissenschaftssystemen ungeachtet des Faches und der Ausgangsbasis an Absolventinnen oder Hilfskräften geringere Karrierechancen als für Männer, wie auch eine Evolutionsbiologin im nachfolgenden Porträt berichtet. Somit geht ebenfalls in „frauenlastigen" Fächern, wie etwa den Geistes- und Sozialwissenschaften, ein Großteil der Wissenschaftlerinnen bis zur Professur verloren.

Abbildung 4: Fächerspezifischer Frauenanteil an Hochschulen nach Abschlüssen (in %)

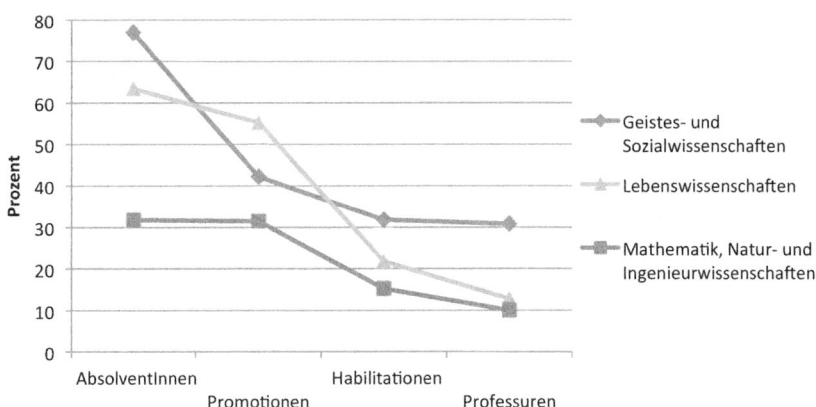

Quelle: Basierend auf Gemeinsame Wissenschaftskonferenz 2010, S. 33/83 ff.

Abbildung 5: Fächerspezifischer Frauenanteil an außerhochschulischen Forschungseinrichtungen nach Status (in %)

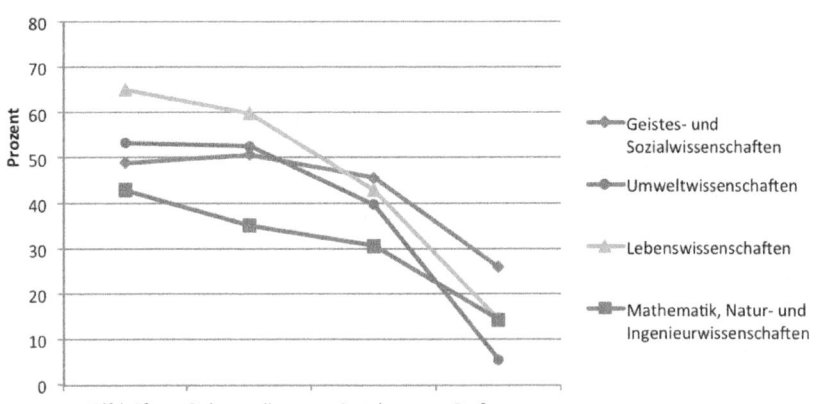

3. Fächergruppenspezifische Vergleiche in außerhochschulischen Forschungseinrichtungen

Im Folgenden wird zunächst analysiert, wie sich die insgesamt 14 % weiblichen Professuren an den außerhochschulischen Forschungseinrichtungen über die Besoldungsgruppen und Fächer hinweg verteilen (vgl. Abbildung 6). Mit Ausnahme der Umweltwissenschaften und teilweise der Mathematik-, Natur- und Ingenieurwissenschaften reduziert sich der Anteil an Frauen mit steigender Besoldungsgruppe. Die höchste Frauenpräsenz zeigt sich bei den W2-Professuren. Bei den Geisteswissenschaften ist ihr Anteil mit insgesamt 46 % am höchsten und in den Umweltwissenschaften mit 7 % am geringsten (vgl. auch Abbildung 36). Vergleicht man den Anteil an W2-Professorinnen mit den C2-/C3-Professorinnen, so zeigt sich ein deutlicher Unterschied. Beispielsweise liegt der Anteil an W2-Professorinnen in den Mathematik,- Natur,- und Ingenieurwissenschaften bei 28 % und der der C2-/C3-Professuren bei nur 7 %. Da es sich bei den W2-Professuren um neu eingeführte Besoldungsstufen und damit Neuberufungen handelt, ist somit im Zeitverlauf eine positive Entwicklung hin zu einer stärkeren Besetzung von Professuren mit Frauen zu erkennen. Dies gilt jedoch nur für die niedrigste Stufe, die W2-Professur. Denn auch bei der W3-Professur handelt es sich um eine neu eingeführte Besoldungsstufe. Anders als bei der W2-Professur konnten in diese Positionen aber nur wenige Frauen vorrücken. Es kann also trotz des gestiegenen Anteils von Frauen an den W2-Professuren lediglich von einem marginalen Wandel des Wissenschaftssystems mit mehr Chancen für Frauen gesprochen werden. Ein Vergleich des Anteils von Frauen in der neuen Besoldungsstufe W3 mit dem Anteil in der alten Stufe C4 zeigt, dass nur ein geringfügiger Zuwachs stattgefunden hat, am höchsten in den Geistes- und Sozialwissenschaften mit 5 %. Der insgesamt geringste Professorinnenanteil ist nach den Mathematik-, Natur- und Ingenieurwissenschaften in den Umweltwissenschaften zu finden. Dieser übersteigt in keiner der vier Besoldungsgruppen 10 %.

Somit verbleibt trotz einer guten „Ausgangslage" von durchschnittlich 44,1 % Doktorandinnen letztlich nur ein geringer Anteil von Frauen im Wissenschaftssystem der außerhochschulischen Forschung. Vor allem in den höchstbezahlten Besoldungsgruppen W3 und C4 der Fächergruppen Umweltwissenschaften sowie Mathematik-, Natur- und Ingenieurwissenschaften sind Frauen nur marginal präsent.

Abbildung 6: Fächerspezifischer Frauenanteil an außerhochschulischen Forschungseinrichtungen in den Besoldungsgruppen der Professuren (in %)

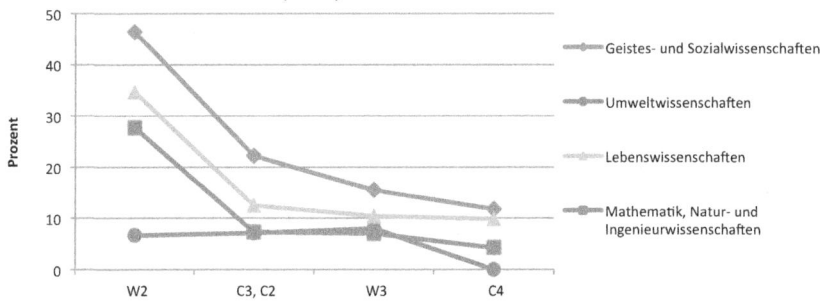

Die Auswertung über die Tarifgruppen zeigt mit Ausnahme der Geisteswissenschaften für jede Fächergruppe einen Rückgang des Frauenanteils von der niedrigeren zur nächsthöheren Entgeltstufe (vgl. Abbildung 7). Besonders markant stellt sich der Verlust an Frauen über alle Disziplinen von den Tarifgruppen E12/ E13 zu E14 TVöD heraus. Der Frauenteil sinkt hierbei im Durchschnitt um 22 %. Die Mehrzahl der Frauen verbleibt demnach in den unteren Gehaltsklassen E12/E13 TVöD und rückt nicht in die oberen Gehaltsstufen vor. Die Mathematik-, Natur- und Ingenieurwissenschaften weisen, verglichen mit den anderen Disziplinen, den insgesamt niedrigsten Anteil an Frauen in jeder Gehaltsstufe auf und belegen mit 8,8 % Frauen in E15 TVöD den letzten Rang.

Abbildung 7: Fächerspezifischer Frauenanteil an außerhochschulischen Forschungseinrichtungen nach Tarifgruppen (in %)

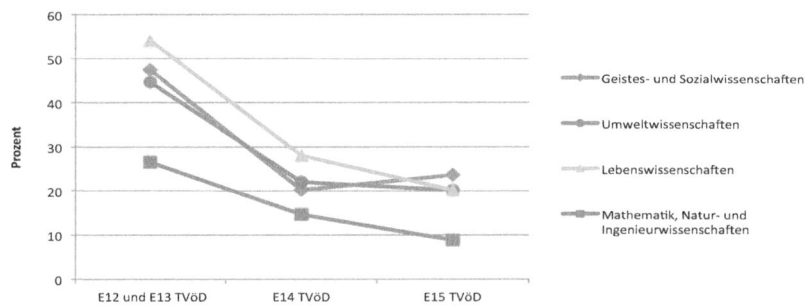

Die bisher aufgeführten Analysen zeigten, wie sich die Frauenanteile fächerspezifisch nach Status sowie in den Besoldungs- und Tarifgruppen aufgliedern. Aber welche Führungspositionen nehmen Frauen in den außerhochschulischen Forschungseinrichtungen ein? Zur Beantwortung dieser Frage wurden die Positionen Abteilungsleitung, stellvertretende Abteilungsleitung, Institutsleitung sowie stellvertretende Institutsleitung abgefragt. Vorab ist festzuhalten, dass der Zugang zu diesen Positionen je nach Forschungsgesellschaft sehr unterschiedlich verläuft: In einigen Einrichtungen ist die Position der Abteilungsleitung mit einem Ruf verbunden, in anderen nicht. Ein Blick auf die Führungspositionen zeigt, dass Frauen lediglich in den Lebenswissenschaften einen guten Zugang zu Führungspositionen haben, aber auch hier nur auf Ebene von Abteilungsleitung und stellvertretender Abteilungsleitung (vgl. Abbildung 8). Interessanterweise stechen die Mathematik-, Natur- und Ingenieurwissenschaften hier mit einem leichten Anstieg der Frauen von der niedrigeren zur höheren Leitungsebene hervor, jedoch nur, weil bereits in den unteren Führungspositionen keine bzw. kaum Frauen vertreten sind. Der Einstieg in die Leitungsebene scheint in diesen Disziplinen mit besonderen Barrieren verbunden zu sein. Schließlich ist der Anteil der Institutsleiterinnen in den Umwelt- sowie Mathematik-, Natur- und Ingenieurwissenschaften am geringsten. Welche Mechanismen bei der Rekrutierung von Führungskräften zu dieser Situation führen, zeigt der Beitrag von Patricia Graf und Sylvia Schmid zu den Organisationsstrukturen in diesem Band. Aber auch geschlechtsbasierte Bewertungsprozesse sind oft Grund für den Ausschluss von Frauen aus Führungspositionen, wie das nachfolgende Porträt einer Astrophysikerin dokumentiert.

Vergleicht man die Differenzbeträge der Frauenanteile zwischen Professorinnen und Doktorandinnen mit denen zwischen Institutsleiterinnen und wissenschaftlichen Mitarbeiterinnen, so zeichnet sich in der Tendenz ein ähnliches Unterschiedsgefälle ab (vgl. Abbildung 9). Lediglich in den Geistes- und Sozialwissenschaften zeigt sich eine stark konträre Tendenz. Dort steigen wissenschaftliche Mitarbeiterinnen eher zu einer Professur als zu einer Institutsleitung auf. In den Umweltwissenschaften dagegen halbiert sich der Frauenanteil von Doktorandinnen zu Professorinnen prozentual. Auffällig ist ferner, dass die Diskrepanz der Frauenanteile von Doktorandin gegenüber Professorin sowie wissenschaftliche Mitarbeiterin gegenüber Institutsleiterin mit jeweils etwa 20 % in den Mathematik-, Natur- und Ingenieurwissenschaften am geringsten ist. Das heißt, es beginnen zwar wenige wissenschaftliche Mitarbeiterinnen eine Laufbahn, aber ihr Anteil bleibt stabiler als in den anderen Fächern. Im Vergleich der Fächer sind somit die Chancen einer Doktorandin in den Mathematik-, Natur- und Ingenieurwissenschaften am besten. Nichtsdestotrotz ist auch in dieser Fächergruppe ein starkes

Abbildung 8: Fächerspezifischer Frauenanteil an außerhochschulischen Forschungseinrichtungen in den Führungspositionen (in %)

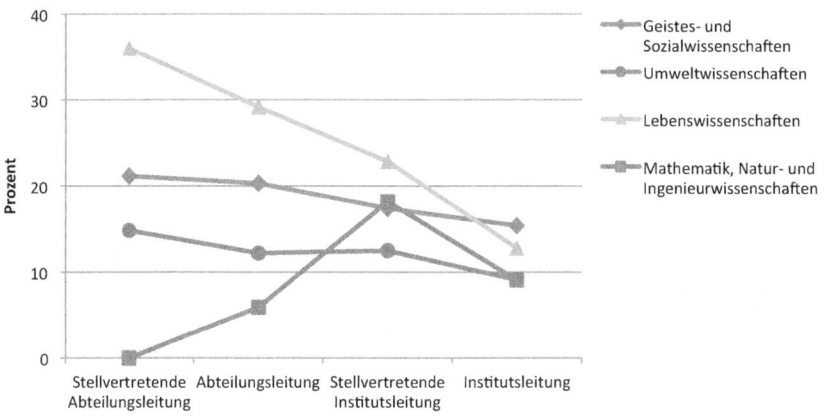

Abbildung 9: Fächerspezifischer Frauenverlust verschiedener Karrierewege an außerhochschulischen Forschungseinrichtungen (in %)

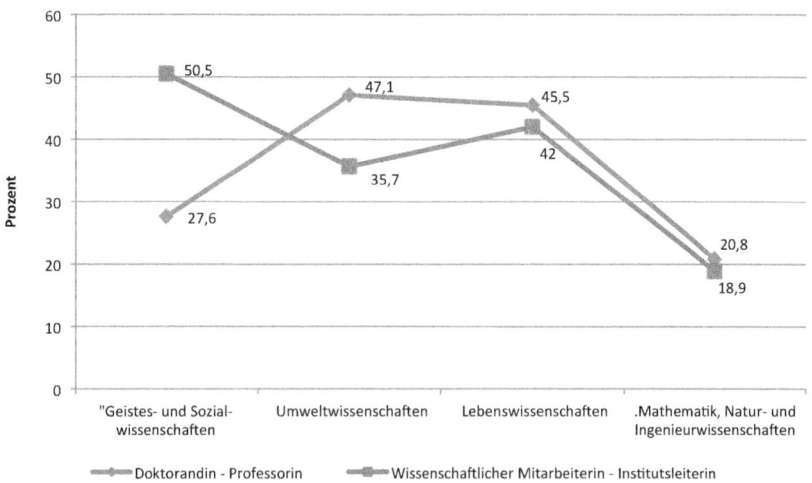

Geschlechterungleichverhältnis festzuhalten. Zusammenfassend kann konstatiert werden, dass Frauen in der außerhochschulischen Forschung weder besonders häufig in eine Professur noch Institutsleitung aufsteigen.

4. Europäischer Vergleich außerhochschulischer Forschungseinrichtungen

Vergleicht man die Frauenanteile am wissenschaftlichen Personal in außerhochschulischen Forschungseinrichtungen in Europa, ergibt sich ein – für Deutschland – negatives Bild (vgl. Abbildung 10). So liegt Deutschland im Vergleichsjahr 2006 mit einem Frauenanteil von 30 % deutlich unter dem europäischen Durchschnitt (EU 27[2]) von 39 % und weit hinter den Ländern Litauen (51 %), Italien (44 %) und Spanien (46 %) mit den höchsten Frauenanteilen. Deutschland konnte sich damit zwischen 2003 und 2006 lediglich um einen Platz verbessern und belegte 2006 im europäischen Vergleich den vorletzten Platz (Europäische Kommission 2009). Interessant ist der Vergleich zu Österreich, dessen Wissenschaftssystem dem deutschen ähnlich ist, das aber deutlich vor Deutschland liegt. Österreich hat seit mehreren Jahren Quoten für den öffentlichen Dienst und somit auch für die Hochschulen und öffentlichen Forschungseinrichtungen eingeführt, was die bessere Position erklären könnte (Papouschek 2005; Wroblewski & Leitner 2004; Schiffbänker & Holzinger 2009).

Ein europäischer Vergleich – über alle Besoldungsgruppen hinweg – hinsichtlich der spezifischen Fächergruppen zeigt, dass Deutschland mit einem Anteil von 28 % Frauen in den Naturwissenschaften unter dem europäischen Durchschnitt von 35 % liegt (vgl. Abbildung 11). Deutschland bildet somit im europäischen Vergleich auch hier, gemeinsam mit Österreich, das Schlusslicht.

---

2   Die 27 Mitgliedsländer der EU ohne Erweiterungsländer.

Abbildung 10: Länderspezifischer Frauenanteil an außerhochschulischen Forschungseinrichtungen und Hochschulen (in %), 2006

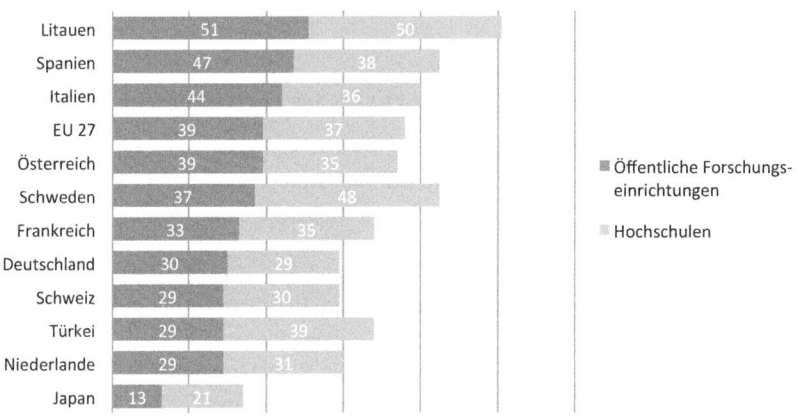

Quelle: Europäische Kommission 2008, S. 106, 107

Abbildung 11: Länderspezifischer Frauenanteil in außerhochschulischen Forschungseinrichtungen nach Fächergruppen (in %), 2006

Länder	Natur-wissen-schaften	Ingenieur-wissen-schaften	Medizin	Agrar-wissen-schaften	Sozialwissen-schaften	Human-wissen-schaften
Deutschland	28	20	44	36	41	46
Spanien	42	39	50	49	45	47
Italien	34	32	55	41	52	52
Litauen	49	35	70	65	66	67
Österreich	25	33	42	25	47	49
Türkei	29	26	43	30	41	nicht verfügbar
EU 27	35	27	52	44	48	50

Quelle: Europäische Kommission 2008, S. 113.

5. Fazit

Die Betrachtung des Status quo ergibt, dass ein deutliches Ungleichgewicht sowohl in der Ausgangslage als auch in den wissenschaftlichen Karriereverläufen zwischen Frauen und Männern besteht. Die fächergruppenspezifische Betrachtung zeigt, dass in den Mathematik-, Natur- und Ingenieurwissenschaften einerseits der absolute Frauenanteil besonders niedrig ist, andererseits aber marginal bessere Karrieremöglichkeiten für Frauen bestehen als in den anderen Fächergruppen. Der Vergleich mit den Hochschulen macht deutlich, dass ein noch stärkeres Ungleichgewicht bzgl. der Karrierechancen von Frauen in der außerhochschulischen Forschung herrscht, denn die Frauenanteile fallen, mit Ausnahme der W2-/C3-Professuren, über alle Besoldungsgruppen hinweg geringer aus als an den Hochschulen.

Bezüglich der Professuren konnte sowohl an den Hochschulen als auch an den außerhochschulischen Einrichtungen eine vertikale Segregation festgestellt werden, in den attraktiven C4- bzw. W3-Stellen finden sich nach wie vor kaum Frauen. Diese sind vor allem in den W2-Professuren zu finden. Dies vermittelt zunächst einen positiven Eindruck, handelt es sich doch bei den W2-Professuren um Neuberufungen. Das Bundesverfassungsgericht hat diese Professuren jedoch jüngst genauer in den Blick genommen. Es zweifelte die Angemessenheit der Besoldung an (Pressemitteilung des Hochschullehrerbundes vom 30.03.2011). Frauen sind mit der Besetzung von W2-Professuren somit in weit weniger attraktive Stellen gerückt, die zudem in vielen Fällen dezidiert als Nachwuchsstellen eingerichtet wurden. Es gilt also die Frage zu stellen, wo Wissenschaftlerinnen mit fortgeschrittener beruflicher Erfahrung verbleiben und mit welchen Barrieren der Zugang zur Spitzenposition W3 behaftet ist.

Betrachtet man die vorliegenden Befunde im europäischen Vergleich, muss weiterhin konstatiert werden, dass Deutschland in Europa hinsichtlich des Frauenanteils in Wissenschaftseinrichtungen fast durchweg auf den hinteren Plätzen liegt, vor allem in den Naturwissenschaften. Es scheint also, dass die gläserne Decke in Deutschland besonders stabil ist. Welche Barrieren verhindern das Vorankommen von Wissenschaftlerinnen? Und wie gehen Wissenschaftlerinnen mit diesen Barrieren um? Und vor allem: Wie erklären sich SpitzenvertreterInnen der außerhochschulischen Forschung selbst diese Situation? Die anschließenden Beiträge werden darüber Aufschluss geben.

Alles wie gehabt? Ein Kommentar zum Status quo von Frauenkarrieren in der Wissenschaft

Bärbel Kerber

Ob Wirtschaft oder Wissenschaft – wohin man schaut, das gleiche Bild. Die vorliegende Analyse zum Status quo der Frauenkarrieren ist wenig ermutigend und wenig überraschend zugleich. Es fehlt an Frauen in den Spitzenpositionen. Heute wie früher. Allen Anstrengungen zum Trotz. Woran scheitert die Frauenförderung in der Wissenschaft wie in der Wirtschaft gleichermaßen? Waren die bisherigen Bemühungen nicht die richtigen bzw. nicht intensiv genug? Oder liegt es an den Strukturen, den „*old boys networks*"? Oder an den Frauen selbst? Wollen diese gar nicht nach oben, sind Frauen weniger ambitioniert bzw. karriereversessen? Sind Frauen vielleicht bequem oder gar „feige", wie Bascha Mika es in ihrem Buch (Mika 2011) provokativ formuliert? Ist es am Ende doch maßgeblich, das alte Problem der schweren Vereinbarkeit von Familie und Beruf, das sich als Stolperstein für Frauenkarrieren beweist? Wenn ja, liegt es damit auch an überholten Rollenmustern von Frau und Mann, die dem weiblichen Part nach wie vor die Erziehung und dem männlichen Part immer noch die Versorgung der Familie zuschreiben? An Erklärungsansätzen mangelt es nicht, an wirksamen Gegenmaßnahmen offensichtlich schon.

Das Erstaunliche dabei ist, dass junge Frauen heute überzeugt sind, beruflich das Gleiche erreichen zu können wie ihre männlichen Kollegen. Doch je älter sie werden, desto mehr Zweifel kommen auf. Es besteht offensichtlich eine Diskrepanz in der Wahrnehmung von jüngeren und älteren Frauen, was die Benachteiligung von Frauen angeht. „Zwischen 30 und 40 liegt also eine Dekade an Lebensjahren, in denen Männer munter auf ihren Karrierepfaden voranstiefeln, während Frauen zurückbleiben. Und die wenigsten erleben ein großes Comeback. Mutterschaft ist das Thema. Vor allem Frauen haben das Gefühl, sie müssen sich entscheiden zwischen Kind und Karriere", heißt es in der Frankfurter Allgemeinen Zeitung zum Thema (Amann & von Petersdorff 2010).

Woher kommt es, dass eine Lücke klafft zwischen Anspruch und Realität, zwischen erwarteter und erlebter Chancengleichheit? Weil eine Frau spätestens mit dem ersten Kind von jenen Geschlechterstereotypen eingeholt wird, die sie längst als abgelegt betrachtete. Lisa Ortgies, Moderatorin von „Frau TV" im WDR, spricht aus, was viele beobachten: „Gerade unter jungen Menschen wird so getan, als existiere keine Ungleichbehandlung mehr. Später zwingen die Bedingungen doch in Rollenmuster: fehlende Kita-Plätze, typische Partner- und Berufswahl." (Heim 2010)

Wie mächtig Geschlechterklischees auch heute noch wirken, zeigt sich in der vorliegenden Studie ganz deutlich bei den sogenannten MINT[1]-Fächern. Junge Frauen verhalten sich offenbar auch im Jahre 2010 bei ihrer Studien- und Berufswahl immer noch geschlechtertypisch. Eklatant ist, wie unterdurchschnittlich der Frauenanteil in Mathematik und den Natur- sowie Ingenieurwissenschaften ist. Renate Valtin, Pädagogin, die über viele Jahre Jugendliche in der Studie AIDA (König et al. 2011) begleitet hat, würde das hier Aufgezeigte wenig überraschen: „Obwohl sie in stärkerem Maße für die Gleichberechtigung von Frau und Mann in Familie und Beruf eintreten als die männlichen Jugendlichen, wählen weibliche Jugendliche in der großen Mehrheit geschlechterstereotype Berufe mit geringen Aufstiegschancen" (zitiert in Kerber 2011, S. 30). Warum? Zum Beispiel weil ihnen selbst heute noch – wenn auch subtiler als vor 30 Jahren –vermittelt wird, dass Mathematik nichts für Mädchen sei. „In Deutschland ist die Leistungsängstlichkeit vor Mathematik besonders ausgeprägt, was dazu beiträgt, dass junge Frauen seltener MINT-Fächer studieren. Die geringe Ich-Stärke und das ungünstige Leistungsvertrauen sind einige der Ursachen für die auffällige Diskrepanz zwischen den formal besseren Schulabschlüssen der Mädchen und ihren späteren beruflichen Positionen, ihrer geringeren Teilhabe an gesellschaftlicher Macht im politischen, wirtschaftlichen und technologischen Bereich." (Renate Valtin, zitiert in Kerber 2011, S. 30).

Die Quote soll es nun richten. Dieser Meinung sind heute mehr denn je. Nicht wenige ehemals hartnäckige Gegner einer Frauenquote haben mittlerweile die Seiten gewechselt – weil sie sehen, dass jahrelange selbstverpflichtende, freiwillige Willensbekundungen den Frauen nicht auf die Sprünge in höhere und besser bezahlte Posten geholfen haben. Und so betrachten heute viele Leute die Vorstellung, eine „Nur"-Quotenfrau einzustellen, nicht länger als eine Beleidigung für die Qualifikation der Bewerberinnen, sondern zunehmend als eine Notwendigkeit, um überhaupt eine Veränderung herbeizuführen.

Eines sollte jedoch in der aktuellen Debatte nicht übersehen werden: Eine Frauenquote alleine führt nicht zum Erfolg. Solange eine Führungsposition eine zeitliche Überlastung für eine Frau bedeutet, die nebenbei zu Hause als Hauptverantwortliche für Kinder, Familie und Haushalt zuständig ist, werden viele Frauen dankend ablehnen, und so lange bleiben Männer im Vorteil – Quote hin oder

---

1 MINT steht für die Fachgebiete Mathematik, Informatik, Naturwissenschaft und Technik.

her. Aber es geht auch anders – beispielsweise, indem die Überstundenkultur in Führungskreisen abgeschafft und die Arbeitszeit stärker flexibilisiert wird. Dabei sollte eine Arbeitszeitflexibilisierung nicht darauf beschränkt bleiben, die vereinbarten 40 oder 35 Wochenstunden lediglich variabler auf den Tag, die Woche oder den Monat zu verteilen. Denn jede noch so gut gemeinte Arbeitszeitflexibilisierung bringt eine Mutter, die nebenbei Kinderarztbesuche, Kindergeburtstage, Schultheaterauftritte, Fahrten zum Sport, Kinderkleidereinkäufe und Handwerkertermine u. v. a. m. zu jonglieren hat, unverändert an den Rand der Erschöpfung, solange der Vollzeitjob ein Vollzeitjob bleibt. Genau das hat beispielsweise die Firma Trumpf verstanden. Die Maschinenbaufirma führte ganz aktuell die „lebensphasenorientierte Arbeitszeit" ein (Preuß 2011). Konkret bedeutet das, dass dort jeder Arbeitnehmer alle zwei Jahre neu und je nach Lebensphase seine Wahlarbeitszeit bestimmen kann, die zwischen 15 und 40 Wochenstunden liegen darf. Ausdrückliches Ziel ist es, „mehr Frauen in das Unternehmen zu bekommen", so Trumpf-Chefin Nicola Leibinger-Kammüller, auch wenn sie mit einem Kraftakt in der betrieblichen Umsetzung rechnet (zitiert in Böhme 2011).

Am Ende hilft das nicht nur den Frauen, sondern nimmt auch Männern eine Menge Druck. „Die Karrierewelt kann sich nur ändern, wenn sich eine andere Zeitkultur durchsetzt – in Kooperation mit starken Männern, die auch kein Interesse mehr daran haben, mit ihrer Familie nur noch auf diplomatischem Wege zu verkehren", sagt Zukunftsforscher Matthias Horx (2011). So könnte vielleicht aus einer teils erbittert geführten Diskussion um Chancengleichheit am Ende eine Win-win-Situation werden.

Porträt einer Wissenschaftskoordinatorin und Evolutionsbiologin: Simone Pfautsch

Bärbel Kerber

Es sind erst wenige Monate, seit Simone Pfautsch aus ihrer Babypause zurückgekehrt ist. Sie ist froh, wieder arbeiten zu können, während ihr Partner den kleinen Jungen zu Hause versorgt. Und gleichzeitig stellt ihr erstes Kind für sie eine Erfahrung dar, die sie gegen nichts auf der Welt eintauschen möchte. Simone Pfautsch ist Biologin und Koordinatorin der Ausbildungsinitiative „Evolution across Scales" und des Profilbereiches Funktionelle Ökologie und Evolutionsforschung in der Arbeitsgruppe Evolutionsbiologie/Spezielle Zoologie an der Universität Potsdam.

„Evolution across Scales" heißt ein neuerer Ansatz, den die Universität Potsdam verfolgt. Sie führt unter einem thematischen Dach all jene Forschungs- und Lehrtätigkeiten zusammen, die sich mit Evolution beschäftigen. Eine Person, bei der alle Fäden zusammenlaufen, ist Simone Pfautsch – eine Aufgabe, die gerade richtig für sie scheint, und eine, die für sie genau zum richtigen Zeitpunkt frei wurde. Ein wenig sieht sie sich als „Mädchen für alles", doch das in positiver Hinsicht. Kein Tag ist wie der andere, indem es gilt, KollegInnen von der Klimaforschung, Astrobiologie bis hin zu jenen aus der Geologie fachgebietsübergreifend auf Tagungen und Ausschreibungen hinzuweisen, gemeinsame Projekte zu initiieren, Laborpraktika zu betreuen oder gar als Vertretungskraft in der Lehre einzuspringen.

Angefangen hat es mit einer Hai-Reportage, die sie als Jugendliche so faszinierte, dass sie unbedingt Meeresbiologie studieren wollte. Als die gebürtige Thüringerin deshalb nach Kiel ging, wurde dort mehr zufällig die Molekularbiologie eines ihrer Studienfächer. Sie bemerkte rasch, dass männliche Kollegen gegenüber der filigranen Kleinstarbeit des Faches – in dem üblicherweise in Mengen von wenigen Mikrolitern gearbeitet wird und bspw. *mini caps* beschriftet werden müssen – eher abgeneigt sind und deshalb häufig einen Weg in die Bioinformatik suchen. Das ist dann wohl einer der Gründe, weshalb von den 26 Leuten, mit denen Simone Pfautsch in ihrer Arbeitsgruppe zusammenarbeitet, gerade einmal drei männlich sind. Zwar ist das Geschlechterverhältnis an der Universität Potsdam in den Anfangssemestern noch relativ ausgeglichen, ganz anders ist es dann plötzlich auf den Ebenen der Postdocs, wissenschaftlichen MitarbeiterInnen und ProfessorInnen: „Dort sind es dann eher die Männer, die dort anzutreffen sind", sagt Simone Pfautsch, auch wenn in letzter Zeit eine positive Entwicklung beobachtet werden kann und mehr Frauen berufen werden, während es noch zu ihrer Studienzeit an der Universität Kiel keine einzige ordentliche Professorin im Bereich der Biologie gab.

Das größte Problem für Akademikerinnen liegt in der fehlenden Planungssicherheit aufgrund der zeitlich begrenzten Projektverträge. „Dass eine Frau bewusst sagt, ‚Ich entscheide mich jetzt für ein Kind', ist extrem selten", berichtet Simone Pfautsch. Es herrscht vielmehr der Grundtenor vor, „dass es einem während der Doktorarbeit auf keinen Fall passieren sollte, schwanger zu werden". Und danach will man erst einen guten Job finden und in diesem auch eine Zeitlang arbeiten. Hiernach schließlich sucht man sich möglichst einen festen Arbeitsplatz, „um die Sicherheit zu haben, die man für ein Kind braucht". Für Simone Pfautsch war es deshalb auch wichtig, nach spätestens zehn Monaten Babypause wieder in den Job zurückzukommen. Da ihr Vertrag nur noch wenige Monate Restlaufzeit aufweist, muss sie sich um einen baldigen Anschlussvertrag kümmern.

Doch das alleine ist nicht der Grund, weshalb sie so rasch zurückgekommen ist. „Ich fand die Zeit mit dem Kleinen zuhause toll. Doch ich habe mich auch geistig etwas unterfordert gefühlt. Ich war es gewohnt, wissenschaftlichen Input auf unterschiedlichen Ebenen zu bekommen, und der war plötzlich weggefallen." Momentan befindet sich Simone Pfautschs Partner in Elternzeit. Sobald dessen Elternzeit zu Ende geht, benötigt ihr kleiner Sohn einen Kitaplatz oder eine andere Tagesbetreuung. In Potsdam-Golm wird gerade eine neue Kita gebaut. Simone Pfautsch hofft sehr darauf. Doch die Universität Potsdam verfügt dort über gerade einmal zehn Belegplätze.

Wenn das alles nicht so klappen sollte, wie sie sich das wünscht, sieht Simone Pfautsch dennoch nicht schwarz. Auch Selbstständigkeit ist eine Option, eine Idee dazu hätte sie schon. Sie ist es gewohnt, mehrere Pläne im Hinterkopf zu haben und sich flexibel zu zeigen – so wie sie nach ihrer Promotion an der Universität Potsdam zunächst einen Ausflug in die Wirtschaft unternahm und dann wieder zurück an die Uni kam. „Vielleicht sind wir Frauen auch notgedrungen flexibler", formuliert es die Biologin vorsichtig. Frauen in der Wissenschaft wechseln durchaus auch in andere Themengebiete, weiß sie. Bei Männern hingegen beobachtet sie eine Stringenz und dass diese meist langfristig in ihrem Fachbereich verbleiben.

„Ich mache mir da nicht so richtig Gedanken. Manche finden das naiv", erzählt Simone Pfautsch. „Ich will gelassener 'rangehen, sonst hat man keinen Spaß bei der Arbeit und keinen Spaß zuhause mit dem Kind." Vielleicht weil sich die Karriere in vielerlei Hinsicht relativiert, sobald ein Kind da ist, fügt sie nachdenklich hinzu.

Porträt einer Astrophysikerin: Swetlana Hubrig
Bärbel Kerber

Diese Frau lebt und liebt ihre Wissenschaft. Es sprudelt begeistert und energiegeladen aus der Astrophysikerin hervor. Und wenn sie auf das Thema „Frauen in der Wissenschaft" angesprochen wird, hält sie mit nichts hinter dem Berg. Swetlana Hubrig hat schon viel gesehen und noch mehr erlebt. Die 58-Jährige ist inzwischen Leiterin der Abteilung „Sternphysik und Sternaktivität" am Astrophysikalischen Institut Potsdam (AIP) – einer renommierten Forschungseinrichtung. Und sie sagt: „Nirgends ist es (für Frauen) so schlimm wie in Deutschland, nirgends ist das Denken so konservativ."

Das sagt sie erst seit der Wende. Bereits früher arbeitete sie im „Zentralinstitut für Astrophysik" (jetzt AIP) in Potsdam, 1975 hatte sie dort angefangen. Während sie ihr Studium der Astronomie in St. Petersburg absolvierte, heiratete sie einen DDR-Bürger und kam dann in die DDR. Als nach der Wiedervereinigung ein Gründungskomitee zu entscheiden hatte, wie das AIP personell neu besetzt werden sollte, wurde fast allen Frauen im Institut gekündigt. „Ich habe damals mehr oder weniger unverhohlen gehört: ‚Die Frauen sollen zu Hause bleiben, sich für ihre Männer schön machen und sich um die Kinder kümmern.' Das war wirklich extrem", erzählt Hubrig kopfschüttelnd. Sie blieb in der Astronomie, doch erlebte sie die Nachwendezeit nicht nur hinsichtlich ihres Geschlechts sehr zwiespältig. Einerseits gab es „sehr viel Sozialleben, und es war viel menschlicher, man hatte mehr vom Leben, es gab keinen Leistungsdruck", erinnert sich die Astrophysikerin an die Zeit vor der Grenzöffnung. Alle Frauen arbeiteten, das war ganz selbstverständlich. Aber andererseits hatte man auch keinen Ehrgeiz, und man durfte weder publizieren noch reisen. „Wir hatten kaum etwas zu melden in der *scientific community* und mir war nach der Wiedervereinigung klar, dass man sich nun etablieren muss", erzählt Hubrig. „Es war ja nicht so, dass wir dumm waren. Aber es kannte einen kein Mensch."

Sie kämpfte sich durch, machte sich einen Namen. Zehn Jahre arbeitete sie in Potsdam an einem Projekt, habilitierte in jener Zeit, ihre beiden Kinder wurden erwachsen, ihr Mann starb. Im Jahre 2001 brach sie die Zelte ab und ging nach Chile. In den Anden, mitten in der Wüste, wurde ein Observatorium vom ESO – der „Europäischen Südsternwarte", die heute an drei Standorten in Chile Teleskope betreibt – von einer relativ kleinen Gruppe neu aufgebaut. Das war spannend, auch wenn es bedeutete, „man hat aus dem Koffer gelebt" – es war ein ständiges Reisen zwischen Santiago und „dem Berg", wie Hubrig sagt, dem Cerro Paranal, auf dem das Observatorium stand. „Astronomie heißt, immer etwas zu entdecken. Es ist wie ein Hobby. Und dafür bekomme ich sogar noch Geld", schwärmt sie.

Die Forschergruppe in Chile wuchs und die Arbeit begann sich irgendwann zu wiederholen, sie suchte sich ein neues Tätigkeitsfeld – und landete vor zwei Jahren wieder im AIP in Potsdam, wo gerade eine für sie passende Stelle ausgeschrieben war. Als sie sich im Vorfeld umhörte, wie die Aussichten sind, die Stelle zu bekommen, sagte man ihr: „Vielleicht hast du ja gerade als Frau eine Chance." Swetlana Hubrig lacht laut über so viel Arroganz. „Da habe ich vielleicht dumm geguckt! Ich brauche mich doch nicht zu verstecken. Ich habe ein Menge publiziert."

Frauen sind auch am AIP Mangelware, das Organigramm spricht Bände – weniger als zehn Prozent der Belegschaft ist weiblich, so schätzt Hubrig. Sind es während des Studiums und der Postdoc-Phase noch relativ viele Frauen, auch in der Astronomie, so findet man kaum noch welche in den Leitungsfunktionen der Institute. „Die bekommen einfach keine Stellen in Deutschland. Deshalb gehen sie ins Ausland", erklärt Hubrig den Schwund. Und woran liegt das ihrer Erfahrung nach? „Frauen bringen andere Argumente, sind für Männer weniger berechenbar", bemerkt sie, weshalb Männer eher Männer einstellen. Deshalb – so rät sie – sollten junge Frauen von ihren Chefs verlangen, dass diese „Lobby für sie machen", sich für ihr Weiterkommen einsetzen. „Männer machen das schließlich auch für sich gegenseitig." Und: „Männern traut man eine Herausforderung grundsätzlich zu. Aber bei Frauen wird immer abgewogen."

Sie möchte, dass sich – gerade junge – Frauen keine Illusionen dahingehend machen, es liefe schon von selbst, solange sie gut sind. Swetlana Hubrig ist die stellvertretende Frauenbeauftragte und weiß sehr genau, wie sehr Frauen Unterstützung durch andere Frauen benötigen. Auch deshalb findet sie eine Frauenquote wichtig. Sie erinnert sich daran, wie sauer die männlichen Astronomen waren, als schon vor vielen Jahren ausgerechnet in Argentinien in öffentlichen Ämtern die Frauenquote eingeführt wurde. „Und heute haben sie sich daran gewöhnt. Wenn also selbst solche Macho-Länder eine Quote haben ...", beginnt sie lachend. Aber es ist ihr ernst, wenn sie nochmals betont: „In Deutschland gibt es keine Gleichheit." Aus diesem Grund engagiert sie sich auch in einem Frauennetzwerk innerhalb der Astronomie, dem „AstroFrauenNetzwerk".

Denn vieles – auch gerade freie Stellen – ginge einem sonst schlichtweg durch die Lappen. „Am besten wäre es, alle Institute dazu zu verpflichten, jede Stellenausschreibung dem Frauennetzwerk melden zu müssen."

Erklärungsansätze der außerhochschulischen Forschungseinrichtungen zur Unterrepräsentation von Frauen

Patricia Graf

In den vorausgegangenen Beiträgen wurde dargestellt, dass das deutsche Wissenschaftssystem nach wie vor durch ein Geschlechterungleichgewicht geprägt ist. Der Mangel an Wissenschaftlerinnen wird auch in den außerhochschulischen Forschungseinrichtungen mit Besorgnis betrachtet. So engagieren sich SpitzenvertreterInnen auf den verschiedensten Ebenen dafür, die Attraktivität ihrer Forschungsgesellschaften für Wissenschaftlerinnen zu steigern, und zeigten sich auch interessiert an unserem Forschungsprojekt „Frauen und ihre Karriereentwicklung in naturwissenschaftlichen Forschungsteams". Wie aber erklären sich die Forschungsgesellschaften den geringen Anteil von Wissenschaftlerinnen, vor allem in Führungspositionen? Welche Geschlechterbilder liegen diesen Erklärungen zu Grunde? Kuhlmann zufolge sind diese Bilder die „hidden organizer der Gleichstellungspolitik" (zitiert in Matthies & Simon 2004, S. 294). Sie „dienen zur unhinterfragten Anleitung und Legitimierung von Handlungen in Organisationen" (ebd., S. 293) und sind relativ wandlungsresistent. Im Folgenden werden sechs Haupterklärungsansätze vorgestellt. Diese kristallisierten sich bei der Auswertung von 16 qualitativen Interviews mit ExpertInnen aus den Geschäftsstellen der vier außerhochschulischen Forschungsgesellschaften, Max-Planck-Gesellschaft, Fraunhofer-Gesellschaft, Helmholtz-Gemeinschaft und Leibniz-Gemeinschaft, sowie drei Einrichtungen der Ressortforschung heraus[1].

Erklärung 1: Naturgemäßer Frauenverlust

In diesem Erklärungsmuster wird die geringe Zahl von Frauen als natürlich dargestellt: „Das weiß ich, dass es auf jeden Fall so ist, dass wir natürlich einen gerin-

---

[1] Zu Interviewmethodik und zur Auswahl der ExpertInnen vgl. den Beitrag von Patricia Graf und Sylvia Schmid in diesem Band. Die Interviews wurden komplett anonymisiert und als Person 1 (P1) etc. angegeben.

gen Frauenanteil haben" (P3). Bezogen auf die Naturwissenschaften und die Ingenieursberufe führen die InterviewpartnerInnen die niedrige Zahl an Frauen auf die geringe Absolventinnenquote an den Universitäten zurück: „[…] das kann man sich einfach angucken, was geht an den Universitäten ab, was kann bei uns maximal ankommen. Also allein von daher müssen es weniger sein" (P3). Dieser Erklärungsansatz wird von ExpertInnen aller befragten Gesellschaften genannt. Damit rekurrieren sie auf gängige Erklärungsmuster, die den niedrigen Anteil von Frauen in Naturwissenschaft und Technik mit einem geringeren Interesse von Frauen an MINT-Berufen erklären. Meist verweisen die InterviewpartnerInnen auch darauf, dass sie im Vergleich zur Zahl der Absolventinnen eine hohe Zahl an Wissenschaftlerinnen beschäftigen: „Also wir haben keine Quotenvorgabe, aber wenn es eine gäbe, würden wir sie, glaube ich, übertreffen" (P7). Weshalb auch innerhalb der Forschungsgesellschaften zwischen den Karrierestufen Frauen „verloren" gehen, wird in diesem Erklärungsmuster nicht erklärt.

Erklärung 2: Männer bringen eher alle Voraussetzungen mit

Im Rahmen dieser Erklärung wird zunächst eine umfassende Beschreibung der Aufgaben von Personen in Führungspositionen geliefert. Diese werden als Tätigkeit charakterisiert, die außergewöhnliches Engagement und mannigfaltige Kompetenzen erfordert: „Es wird auf der einen Seite wirklich eine enorme wissenschaftliche fachliche Kompetenz erwartet. Auf der anderen Seite wird eigentlich erwartet, dass ich ein kleines Wirtschaftsunternehmen leiten kann. […] Man erwartet eben, dass da auch die Kontakte zur Industrie schon ganz stark vorhanden sind" (P3). Diese vielfältigen Kompetenzen werden aufgrund der angenommenen geringeren zeitlichen Verfügbarkeit von Frauen eher Männern zugeschrieben: „[…] aber es ist leider so, dass Männer eben eher diese Voraussetzungen mitbringen, weil sie halt oft jemanden haben, der für diesen anderen Teil ihrer persönlichen Interessen, also für die Familie, zuständig ist. Sie können sich eher auf eine Karriere konzentrieren" (P3). Eine weitere interviewte Person betrachtet die Familiensituation als einzige Barriere für Frauen auf dem Weg nach oben: „[…] es hält sie eigentlich nichts zurück, außer sie werden zurückgehalten" (P2).

Innerhalb dieser zwei Erklärungsansätze findet also eine automatische Konnotierung von Frauen mit Familie, Vereinbarkeitsproblematik und geringerer zeitlicher Verfügbarkeit statt. Eine interviewte Person bemerkt selbstkritisch, dies sei die „[…] deutsche Mentalität, dass man das Frauen ausredet oder dass die ganz stark unter Druck gesetzt werden, wenn sie Kinder kriegen. Zum Beispiel das Stillen. Das ist irgendwie so eine ganz feste Geschichte, die ist mindestens so lang, und das bedeutet einfach, dass man draußen ist aus dem Job" (P6). VertreterInnen von zwei Fachgesellschaften nahmen explizit die oben beschriebene Kompetenzzuweisung vor. Die ExpertInnen der anderen Gesellschaften rekurrierten dagegen nur auf einen Teil des Erklärungsansatzes, die geringere zeitliche Verfügbarkeit von Frauen. Eine interviewte Person (P5) lehnt diesen Erklärungsansatz ab. Sie betont, dass eine Gewichtung der Kriterien stattfinde: Wenn jemand drei Publikationen und Elternzeit habe, das übrige Anforderungsprofil aber passe, werde er genauso eingeladen wie jemand mit fünf Publikationen.

Erklärung 3: Riskante Karrieren und Konkurrenz

Eine weitere Erklärung für den *drop out* von Frauen bilden die engen und unsicheren Karrierechancen. Hier wird auf die meist befristeten Stellen hingewiesen sowie auf die geringe Zahl an Führungspositionen. Laut einer befragten Person führt der Faktor riskante Karriere auch auf höheren Karrierestufen noch zu einem *drop out*: „Es entscheiden sich viele auch nach der Nachwuchsgruppe noch gegen eine weitere wissenschaftliche Karriere. Wenn es eben nichts mit *tenure* ist oder zu eng wird [...], da gibt es selbst zu diesem Zeitpunkt noch Abbrüche, selbst mit der Professur noch" (P1). Die Befristungsproblematik wird nur von einer Gesellschaft dezidiert mit dem *drop out* von Frauen verbunden. Zwei interviewte Personen äußern dagegen, dass dies auch bei Männern ein Entscheidungsgrund gegen eine wissenschaftliche Karriere und für eine Anstellung in der Industrie sei: „Die gehen dann in die Industrie oder wechseln zu anderen wissenschaftlichen Institutionen" (P2). Die riskanten Karrieren werden durch den hohen Wettbewerb zwischen den WissenschaftlerInnen noch verstärkt: Von den InterviewpartnerInnen wurde das Arbeitsfeld Wissenschaft als sehr kompetitives Arbeitsfeld beschrieben. Eine interviewte Person vermutet, dass die höhere Abbrecherquote bei der Karriere bei Frauen nach der Promotion, zum Teil auch noch mit Professur, durch diese Konkurrenz begründet ist (P1). Bei dieser interviewten Person konnte eine Gleichsetzung von Frauen mit Risiko- und Konkurrenzvermeidung festgestellt werden.

Erklärung 4: Rolle von *gate keepern*

Während die vorhergehenden Erklärungsansätze eher auf der individuellen oder gesellschaftlichen Ebene angesiedelt sind und das *gender gap* auf die generelle Problematik der Vereinbarkeit von Beruf und Familie aufgrund mangelnder Kitaplätze oder die geschlechtsspezifische Berufsorientierung von Jugendlichen zurückgeführt werden kann, ist dieser Erklärungsansatz auf der organisationalen Ebene angesiedelt. Es wird argumentiert, dass entlang des akademischen Werdegangs verschiedenförmige Bewertungskommissionen (Evaluationsgremien, Findungskomitees, Berufungskommissionen) eine wichtige Rolle spielen. Die Struktur und die Kriterien dieser Kommissionen wirken sich geschlechterdifferenzierend aus. So zähle beispielsweise bei Berufungskommissionen nur noch die Quantität von Publikationen und nicht mehr deren Qualität: „[...] die Blamage, sich vor die Sektion zu stellen und eine Frau vorzustellen, die aber nur fünf Publikationen hat, wenn man alternativ vielleicht auch einen Mann gehabt hätte mit sieben Publikationen, das würden die niemals machen" (P7). Drei der interviewten Personen gaben an, Komitees paritätisch zu besetzen, da sie davon ausgingen, dass dann eher Mechanismen der Chancengleichheit greifen würden. Dieser Erklärungsansatz tauchte durch die Interviews als relevanter Mechanismus auf. Er zeigt, dass die außerhochschulischen Organisationen stark in ihre Umwelt – das deutsche Wirtschafts-, Gesellschafts- und Wissenschaftssystem – eingebunden sind und von dieser beeinflusst werden. Das Wissenschaftssystem nimmt durch die *gate keeper* Einfluss auf die Forschungseinrichtungen. Laut Lipinsky und Tölle wird in diesen Kommissionen entschieden, wer und was exzellent ist und was nicht, sodass ihnen in Bezug auf die Karriereentwicklung zum einen die Funktion der Kontrolle und des Ausschlusses, zum anderen aber auch die Funktion der Förderung und der Verteilung von Ressourcen, Informationen und Möglichkeiten zukommt (vgl. Lipinsky & Tölle 2009). Da laut Lipinsky und Tölle – spiegelbildlich zur Personalstruktur im Wissenschaftssystem – der Großteil der Führungspersonen mittleren Alters und männlich ist, gehen sie im Sinne des Mechanismus der Kooption von geschlechterdiskriminierenden Effekten aus. Gerade den Berufungs- und Evaluationskomitees kommt in den außerhochschulischen Forschungseinrichtungen die Rolle des *gate keepers* zu.

Erklärung 5: Rekrutierung aus Netzwerken

Eng verbunden mit der vorangegangenen Erklärung ist die des *gender gaps* mit der Rekrutierung aus Netzwerken. „Dann wird eine Kommission eingesetzt, die sondiert das Feld, fragt Kollegen, erinnert sich, wen sie auf Konferenzen gesehen hat, bis hin zu einem *head hunting*, je nachdem, wie wichtig die Stelle zu sein scheint. Und da sind Netzwerke natürlich von übergeordneter Wichtigkeit. [...] Man muss da sozusagen reinempfohlen werden, aber es gibt keine Ausschreibung. Man kann sich nicht bewerben" (P13). Diese Erklärung geht zum einen davon aus, dass die

Rekrutierungspraxis homosozial verläuft, d. h. dass Männer Männer rekrutierten, um somit Ungewissheit zu reduzieren. Zum anderen legt der Erklärungsansatz das Prinzip der *visibility* als Auswahlkriterium zugrunde. Nur die sichtbarsten, charismatischsten WissenschaftlerInnen schaffen es in die Netzwerke, so die Erklärung. Frauen wird dabei eine geringere Sichtbarkeit als Männern unterstellt: „Wenn man da dann nicht im Blick ist und das sind die meisten Frauen ja nicht, im Blick der Wissenschaftler, die suchen, dann kommt man da ja auch nicht rein" (P13). Während zwei interviewte Personen die Rekrutierung aus homosozialen Netzwerken als Barriere angeben, lehnen zwei andere Personen diese Erklärung für das *gender gap* dezidiert ab: „Ich habe schon den Eindruck, dass in den meisten Instituten, es mag Ausnahmen geben, aber in den meisten Instituten ist es nicht die Frage, bin ich Frau oder Mann, werde ich eingestellt. Es ist wirklich die Frage, was kann ich" (P3). „Also ich sage immer, es geht um Köpfe und nicht um Körper, und wenn nicht, dann streite ich mich hier ein bisschen, aber das findet eigentlich kaum statt" (P5). Diese ExpertInnen geben an, dass das Anforderungsprofil passen müsse, unabhängig davon, ob es sich um eine Frau oder einen Mann handele.

Erklärung 6: Tokenismus

Eine weitere Begründung für die höhere Abbrecherquote von Wissenschaftlerinnen, die von den InterviewpartnerInnen geliefert wird, betrifft das Phänomen des Tokenismus. Selbst nach der Promotion würden Frauen noch abbrechen aufgrund des „[...] Gefühl[s], allein unter Männer zu sein" (P1). Diese interviewte Person berichtet auch von geschlechtsspezifischen Kompetenzzuweisungen. So werde die Verantwortung für wichtige Geräte zum Beispiel eher Männern zugeschrieben. Gleichzeitig gebe es auch Vorteile von Frauen in Männerdomänen, etwa im Ingenieurbereich: „Die paar Frauen, die studieren, die marschieren auch durch" (P1).

Fazit

Im Vorherigen zeigte sich, dass die Erklärungsansätze auf verschiedenen Ebenen angesiedelt sind. Sie zielen sowohl auf gesellschaftliche und organisationale Barrieren als auch auf individuelle und damit private Hemmnisse ab (vgl. Abbildung 1).

Vereinbarkeitsproblematiken und geschlechtsspezifische Berufsorientierungen von Jugendlichen – dies sind aus Sicht der außerhochschulischen Forschungsgesellschaft die Hauptbarrieren für Wissenschaftlerinnen. Der Großteil der vorhergehenden Erklärungsansätze ist somit eher auf der individuellen oder gesellschaft-

Abbildung 1: Erklärungen der Forschungsgesellschaften für das gender gap

lichen Ebene angesiedelt. Das *gender gap* wird dabei auf die geringe Anzahl von Studienanfängerinnen in den MINT-Fächern oder mangelnde Kitaplätze zurückgeführt – beides Elemente, die nur in begrenztem Maße im Zuständigkeitsbereich der Gesellschaften liegen. Lediglich ein kleinerer Teil der Interviewten identifizierte auch organisationale Hemmnisse für den Karriereweg. Nur eine interviewte Person wies auf das geschlechterdiskriminierende Potential von Auswahlkommissionen hin. Und auch eine geschlechtsbezogene Kompetenzzuteilung wird nur von einer interviewten Person berichtet. Die Ergebnisse unseres Projektes decken sich damit mit den Ergebnissen von Matthies & Simon (2004). Diese fanden bei einer Untersuchung von drei Einrichtungen der Leibniz-Gemeinschaft, dass aus Sicht der Einrichtung gesellschaftliche Hemmnisse und individuelle Faktoren die größten Barrieren für Wissenschaftlerinnen darstellen (Matthies & Simon 2004). Die differenzierten Erklärungsansätze, die Hemmnisse auf der organisationalen Ebene identifizieren, scheinen dagegen anzudeuten, dass sich zumindest in einigen Gesellschaften das Geschlechterbild wandelt. Ganz klar werden hier Mechanismen und ausgrenzende Situationen benannt. Eine geschlechterparitätische Besetzung der Gremien wird hier als Lösung gesehen.

Das Vorherrschen des Erklärungsansatzes der Vereinbarkeitsproblematik entfaltet aber noch eine weitere Wirkung: Betrachtet man die Zitate eingehender, so fällt auf, dass es sich dabei nur um ein Frauenproblem zu handeln scheint. Denn

Wissenschaftlerinnen werden mit der Vereinbarkeitsproblematik gleichgesetzt. So führte eine allgemein gehaltene Interviewfrage zur Vereinbarkeit von Führungsposition und Teilzeit sofort zur Nennung von Beispielen von Frauen, die dies geschafft hätten, jedoch nur mit dem nötigen Partner im Hintergrund. Dass diese Problematik auch auf Wissenschaftler zutreffen kann, wurde lediglich von einer interviewten Person angesprochen.

Die Gleichsetzung von Wissenschaftlerinnen mit Vereinbarkeitsproblematiken und geringerer zeitlicher Verfügbarkeit sowie Leistungsfähigkeit hat jedoch fatale Folgen, wie Inken Lind ausführt (Lind 2007). Wissenschaftlerinnen werden durch solche Geschlechterbilder bereits vor ihrer Mutterschaft disqualifiziert. Denn bei jeder Wissenschaftlerin ist potentiell die Gefahr vorhanden, auszufallen. Wirkliche Leistung und tatsächliche Verfügbarkeit werden damit aber übersehen.

Porträt einer Geoinformatikerin: Silvija Stankute

Bärbel Kerber

Eigentlich handelt es sich auf den Tag genau um den Geburtstermin ihres Babys. Doch sie sitzt mit einem Strahlen auf dem Gesicht auf ihrem Stuhl eines Cafés in Berlin und ist die Ruhe und Gelassenheit in Person. Die 30-jährige Geoinformatikerin aus Litauen steht momentan am Ende ihrer Promotionszeit und arbeitet hierfür an einem Projekt zum Thema „Fusion von Geodaten". Für Silvija Stankute fühlt sich der Zeitpunkt, ein Kind zu bekommen, genau richtig an.

Auch ihr Vorgesetzter hat kein Problem damit, dass sie sich erst einmal für eine Weile in den Mutterschutz und die Elternzeit verabschiedet. Alle KollegInnen haben auf ihre Schwangerschaft fröhlich reagiert, jedoch von manchen männlichen Kollegen bekam sie zu hören, dass sie die Doktorarbeit erst viel später nach der Schwangerschaft weiterschreiben sollte. Aber es gab auch Frauen, die ihr mit einem „Du schaffst das schon!" Mut machten. Für Silvija Stankute selbst besteht übrigens daran, dass sie das meistert, gar kein Zweifel – auch nicht daran, dass sie bald wieder arbeiten gehen wird. „Man braucht die Denkarbeit für den Kopf", erklärt sie. „Wenn ich längere Zeit nichts tue, habe ich das Gefühl, dass mein Gehirn eintrocknet. Danach ist es auch viel schwieriger, wieder in die Materie einzusteigen."

Ihr Interesse an Geodaten gründet sich auf die bereits früh bei ihr geweckte Faszination für Satellitenbildaufnahmen und darauf, was man mit diesen machen kann. So kam es schließlich, dass sie eines Tages beim Projekt „Soccer" landete, das im Rahmen der in Deutschland stattgefundenen Fußball-Weltmeisterschaft Verkehrsdaten so zusammenführte, dass hieraus Stauprognosen abgeleitet werden konnten. „Das ist es, was ich machen will – Datenfusion!, so dachte ich", erzählt Silvija Stankute. Und wenn alles gut läuft, dann wird ihre Doktorarbeit, die kurz vor dem Abschluss steht, sogar die Basis für eine Ausgründung und somit für eine Firma bilden, die der freien Wirtschaft solche Datenfusionsdienste als professionelle Anwendung anbietet. Ihr Vorgesetzter bestärkt sie darin und glaubt an die Zukunft dieser Anwendung. Ohnehin scheint ihr Chef ein wichtiger Bestärker und Mentor für sie zu sein – alleine schon, indem er keine Unterscheidung zwischen Mann und Frau vornimmt, sondern für ihn zählt lediglich, ob jemand gut ist. Die Tatsache, dass Mitarbeiterinnen schwanger werden und deshalb ausfallen können, betrachtet er nicht als Problem, „denn für ihn ist es ganz selbstverständlich, dass Frauen eines Tages Kinder bekommen", so Stankute. So hat er ihr sogar Arbeitsbedingungen geschaffen, die es ihr ermöglichen, die Doktorarbeit trotz Schwangerschaft rechtzeitig abzuschließen. Zwar fehlen ihr momentan noch die letzten 20 Prozent, doch ist sie zuversichtlich, diese nach der Geburt bis zum Sommer nachliefern zu können.

Sie betrachtet es durchaus als Glücksfall, einen solchen Chef zu haben, der sie in diesem Maße fördert. Denn Frauen haben es ihrer Erfahrung nach alleine schon deshalb schwerer, weil ihnen oft weniger zugetraut wird. Silvija Stankute hatte früher selbst gespürt, dass sie zuerst ihre fachliche Kompetenz unter Beweis stellen musste, bevor sie akzeptiert wurde. Männer, so konnte sie beobachten, müssen das nicht in diesem Maße.

Dass es auch eher Männer sind, die es auf der akademischen Karriereleiter nach oben schaffen, erklärt sich für Silvija Stankute ganz einfach: „Frauen trauen sich weniger zu. Männer sind da selbstbewusster!" Dennoch hält sie rein gar nichts von einer Frauenquote. Da denkt sie, die von einem mittelständischen Betrieb träumt, schon durch und durch unternehmerisch: „Warum sollte ich gezwungen werden, eine Frau einzustellen?", formuliert sie ihre Zweifel. „Was, wenn ich keine Frau finde, die gut ist?"

Sie plant selten, vieles lässt sie erst einmal auf sich zukommen – auch die Zeit, wenn dann das Kind da ist und sie sich wieder beruflich betätigen will. „Es gibt viele Frauen, wie auch Männer, die denken, dass sich die Welt nach der Geburt eines Kindes vollkommen ändert und man auf viele Dinge verzichten muss und dass man vieles nicht mehr schafft", sagt sie nachdenklich. Von solchen Bedenken lässt sie sich nicht beirren, optimistisch, wie sie ist. Sie und ihr Partner haben sich zur Regel gemacht, nicht so viel darauf zu hören, was andere sagen. Und wenn es mit der Ausgründung der Firma nicht klappen sollte? Dann wäre für sie ihre Karriere an der Universität abgeschlossen. Denn für diesen Fall würde sie vermutlich ein Institut suchen, das mit der freien Wirtschaft zusammenarbeitet – weil es für sie wichtig ist, dass das, woran sie arbeitet, auch praktisch umgesetzt wird. Und dann ist ja da immer noch ihr Traum – „eines Tages ein Unternehmen zu haben mit ganz vielen Mitarbeitern".

Porträt eines Geophysikers: Christian Haberland

Bärbel Kerber

Im GeoForschungsZentrum Potsdam, GFZ, sind die MitarbeiterInnen bereits alarmiert. Genau an jenem Morgen, an dem ich Christian Haberland gegenübersitze, hat die Erde in Japan gebebt und dort eine menschliche Tragödie ausgelöst, von deren Ausmaß allerdings in diesem Moment noch nichts zu ahnen ist. Die Abteilung, in der Haberland arbeitet, führt geophysikalische Tiefensondierungen mit Hilfe seismischer, seismologischer und magnetotellurischer Messverfahren durch.

50 Prozent seiner Arbeit sind der Koordination eines Gerätepools gewidmet – eine in der Größe nahezu einzigartige Einrichtung innerhalb der Geophysik-Community, auf die das GFZ und der Leiter des Pools, Christian Haberland, ziemlich stolz sind. Zu Recht: Das GFZ verleiht geophysikalische Geräte und Sensoren kostenlos an Universitäten und andere Forschungseinrichtungen. Im Gegenzug stellen diese der Gesellschaft ihre damit gewonnenen Ergebnisse zur Verfügung, wodurch ein beachtlicher Wissenspool entsteht, der dann wiederum nach außen öffentlich gemacht wird. Daneben ist Haberland der Leiter der Arbeitsgruppe „Seismik", die momentan acht Leute umfasst. Es ist ihm wichtig, dass der Anteil seiner Arbeit an der Forschung nicht kontinuierlich zugunsten reiner Datenverarbeitung und organisatorischer Tätigkeiten schrumpft. „Aber das ist ein täglicher Kampf", räumt er ein. Haberland begreift sich in erster Linie als Wissenschaftler.

„Es ist hochspannend, das, was im Untergrund verborgen ist, sichtbar zu machen. Das ist für mich wie eine Schatzsuche", beschreibt Haberland begeistert das für ihn Schönste an seinem Beruf. Den Grundstein für seine Affinität zur Geophysik legten nicht nur die naturwissenschaftlichen Fächer in der Schule, sondern auch sein Großvater. Dieser hatte als Bergbauingenieur eine Mineraliensammlung und Gesteine zu Hause. „Doch einen großen Masterplan gab es nicht", erinnert sich Haberland an die Zeit unmittelbar vor Beginn des Studiums an der FU Berlin. „Ich empfand einfach die Mischung aus dem Anwendungsbereich ‚Erde' und einer quantitativ-physikalischen Auswertung als attraktiv."

Nach dem Studium und der Promotion ging er bereits als Post-Doktorand an das GFZ in Potsdam, wohin er schließlich einige Jahre später in eine Festanstellung als leitender Wissenschaftler wechselte – und das, obwohl die festen Stellen im „Mittelbau" einer Forschungseinrichtung mittlerweile rar gesät sind. Seine Arbeit wurde geschätzt und so ergab sich vieles scheinbar von alleine – man kam auf ihn zu. Es passte einfach. Sein Beispiel lehrt, dass sich junge WissenschaftlerInnen nicht durch die anfangs schwer planbare Zeit der befristeten Projektverträge verunsichern lassen sollen. „Wenn man das tut, wofür man sich interessiert und wofür man brennt, dann kommt man auch dorthin, wo es nicht so viele Stellen gibt oder diese gar umkämpft sind", ermutigt Haberland.

Die wesentlichste Eigenschaft, die laut seiner Erfahrung WissenschaftlerInnen mitbringen müssen, ist Mobilität – und zwar internationale. Für eine Karriere in der Wissenschaft ist Auslandserfahrung heute unabdingbar. „Ideal ist es, wenn jemand mehrere Auslandsaufenthalte bei führenden WissenschaftlerInnen aufweisen kann", so Haberland. Ihm selbst war das als Student gar nicht so bewusst. „Dafür war ich nicht sensibilisiert." Doch diese Bedingung für eine ForscherInnenkarriere stellt gleichzeitig ein großes Hindernis, insbesondere für Frauen, dar, bedauert er. Denn „das beißt sich schnell mit Familie". Und weil das zeitliche Fenster, ein Kind zu bekommen, für Wissenschaftlerinnen durch die obligatorische Promotions- und Postdoc-Phase schon sehr eng ist, haben sie es doppelt schwer. Allerdings ist es auch für Väter wie ihn nicht leicht, viele Reisen und die Familienbedürfnisse unter einen Hut zu bringen. „Dass es später immer schwieriger wird, die in einer ForscherInnenkarriere geforderte Mobilität zu leisten, habe ich deutlich gespürt, als Kinder da waren."

Er packt regelmäßig die Koffer, aber verzichtet, seit er zwei Kinder hat, der Familie zuliebe auf so manche weitere reizvolle Möglichkeit der Reisetätigkeit – immerhin stehen spannende Ziele wie Chile, Indonesien und Kirgisistan auf dem Reiseplan der Potsdamer ForscherInnen. Seine Frau ist ebenfalls voll berufstätig und in ihrem mittelständischen Betrieb mindestens genauso eingebunden wie er in seinem Beruf. „Ich bemühe mich, vier Wochen ‚Geländearbeit' – wie GeophysikerInnen es nennen – pro Jahr nicht zu überschreiten." Denn dazu kommen ja noch Tagungsreisen und Meetings. „Es ist eine Herausforderung, wenn beide Partner auf einem zufriedenstellenden Level ihre anspruchsvollen Aufgaben im Job gut erledigen möchten." Doch es handelt sich um eine Aufgabe, die er gut zu meistern scheint.

Organisationsstrukturen und ihr Einfluss auf die Karriereentwicklung von Wissenschaftlerinnen

Patricia Graf / Sylvia Schmid

Der vorliegende Beitrag stellt die Ergebnisse von 16 ExpertInneninterviews mit VertreterInnen aus den Geschäftsstellen der außerhochschulischen Forschungsgesellschaften (Fraunhofer-Gesellschaft, Helmholtz-Gemeinschaft, Leibniz-Gemeinschaft, Max-Planck-Gesellschaft) sowie Einrichtungen der Ressortforschung vor. Ziel der vorliegenden Studie ist es, die strukturellen Voraussetzungen für den Karriereerfolg von Wissenschaftlerinnen in außerhochschulischen Forschungseinrichtungen zu identifizieren.

Zur Erklärung der Unterrepräsentanz von Frauen in der Wissenschaft und speziell in den Naturwissenschaften ziehen gängige Erklärungsmodelle folgende Ursachen heran (vgl. für einen Überblick Lind 2007):

- unterschiedliches Studienwahlverhalten,
- gesellschaftliche Rahmenbedingungen, die die Vereinbarkeit von Beruf und Privatleben erschweren, und
- unterschiedliche Karriereansprüche von Männern und Frauen.

„Diese gängigen Ursachenzuschreibungen halten jedoch einer kritischen Überprüfung nicht stand", stellt Inken Lind, Mitarbeiterin im Kompetenzzentrum Frauen in Wissenschaft und Forschung, fest. „Die Ergebnisse der wissenschaftlichen Auseinandersetzung mit der Unterrepräsentanz von Frauen belegen vielmehr, dass nach heutigem Kenntnisstand die Ursachen wesentlich innerhalb der Wissenschaftsstrukturen begründet liegen." (Lind 2007, S. 68). Es gilt also, die Organisationsstrukturen der außerhochschulischen Forschung zu untersuchen. In welche organisationalen Strukturen sind die WissenschaftlerInnen eingebunden? In welcher Arbeitsumgebung forschen sie? Und inwiefern unterliegen diese Strukturen der Kategorie Geschlecht? Zur Beantwortung dieser Fragen wurde zum einen untersucht, welche Vorgaben die Forschungsgesellschaften an ihre WissenschaftlerInnen stellen und nach welchen Auswahlkriterien sie ihr Personal aussuchen. Zum anderen wurde betrachtet, welche Unterstützungsinstrumente die Forschungsgesellschaften für die WissenschaftlerInnen bereithalten, etwa Mechanismen zur Chancengleichheit oder Personalentwicklungsinstrumente. Zur Durchführung der Interviews wurde ein Leitfaden entwickelt. Hierzu wurden gängige Erklärungsansätze für die Unterrepräsentanz von Frauen in der Wissenschaft um eine organisations- und systemtheoretische Perspektive erweitert. Bereits bestehende Hintergrundstudien zu den außerhochschulischen Forschungsgesellschaften dienten zur Anpassung des Leitfadens an den Forschungsgegenstand und zur Entwicklung weiterer offener Fragestellungen.

1. Erklärungsmodelle zur Unterrepräsentanz von Frauen in der Wissenschaft

Betrachtet man die Organisationsstruktur der außerhochschulischen Forschungsgesellschaften, so handelt es sich dabei um Mehrebenensysteme, die aus einer Gesellschaft, einem Verbund oder einer Gemeinschaft bestehen.[1] In diese Struktur sind die Institute oder Zentren eingebunden, die wiederum aus mehreren Abteilungen und Teams bestehen. Die Kommunikation zwischen Verbund/Gemeinschaft einerseits und Instituten, Abteilungen, Teams und MitarbeiterInnen andererseits wird durch Regeln und Zielsetzungen gesteuert. Die Einhaltung dieser Regeln wird wiederum durch bestimmte Mechanismen – bspw. Beförderungen, Leistungskontrollen, Kernarbeitszeitsysteme, Verhaltenscodices, Leitbilder, Evaluationen etc. – gesichert (Luhmann 1993; Schimank 2007, S. 201). Abbildung 1 verdeutlicht, wie die Organisationsstrukturen den Karriereweg von WissenschaftlerInnen beeinflussen, indem sie bestimmte Verhaltensweisen und Leistungen von WissenschaftlerInnen fordern, diese aber im Gegenzug auch mit bestimmten Ressourcen und organisationalem Kapital – Zugang zu exzellenter technischer Ausstattung, Know-how, Vermittlung von Kontakten – fördern.

---

[1] Eine Ausnahme bilden die Länder- oder Bundesressortforschungseinrichtungen, die anstatt der Gesellschaft das entsprechende Ministerium vorgelagert haben, das jedoch eine andere Funktion als die Gesellschaft übernimmt.

Organisationsstrukturen 61

Abbildung 1: Einflussfaktor Organisationsstruktur

[Figure: Schematic with "Organisation" on the left and "Individuum" on the right, connected by "Fordern & Fördern" in the middle. Above: "Rekrutierungs- und Beförderungsmechanismen", "Vorgaben für wünschenswertes Verhalten". Below: "Organisationales Kapital", "Ausstattung mit Ressourcen".]

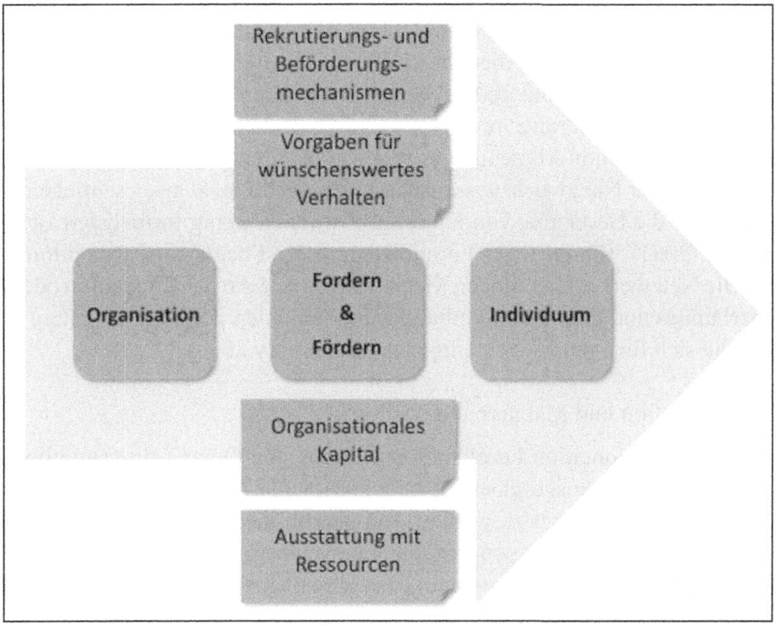

Joan Acker geht davon aus, dass die Ziele und Mechanismen, die Organisationen festlegen, vergeschlechtlicht sind, d. h., sie wirken sich für die Mitglieder der Organisation je nach Geschlecht unterschiedlich aus (Acker 1998). Laut Acker lässt sich die vergeschlechtlichte Struktur von Organisationen und deren besondere Bedeutung für Frauen an verschiedenen Ausdrucksformen festmachen: hohe Anforderungen an die Verfügbarkeit, zeitliche und räumliche Flexibilität der MitarbeiterInnen, die kaum auf andere – wie etwa familiäre – Verpflichtungen abgestimmt werden, Sanktionierung von Unterbrechungen sowie Bewertungssysteme, die wiederum genau diese Kriterien als Maßstab heranziehen (Acker 1998). Ein Beispiel dafür bildet die hohe Relevanz stringenter Lebensläufe bei Auswahlprozessen. Dadurch ergeben sich für Männer und Frauen angesichts stabiler geschlechtsspezifischer Zuweisungen im Bereich Beruf und Privatleben unterschiedliche Entwicklungsmöglichkeiten, worauf im Folgenden eingegangen wird.

1.1 Rekrutierungs- und Beförderungsmechanismen

Verschiedene Studien zum *gender gap* in der Wissenschaft bauen auf den Annahmen von Joan Acker auf (Allmendinger 2003; Frey 2008; Lind 2007; Matthies & Simon 2004, S. 305; Stebut 2003). Sie sehen vor allem im geringen Formalisierungsgrad von Rekrutierungs- und Beförderungsstrukturen eine Barriere für Wissenschaftlerinnen. Jutta Allmendinger zeigte für die deutschen Universitäten, dass gerade Stellen für NachwuchswissenschaftlerInnen oft nicht ausgeschrieben werden und auch die Besetzung von Führungspositionen wenig formalisiert ist (Allmendinger 2003). Ein geringer Formalisierungsgrad begünstigt aber informelle personelle Netzwerke. Hier fangen Mechanismen wie die der Kooptation oder des Männerbundes und dem damit verbundenen Phänomen der Sichtbarkeit zu greifen an, die sich für Frauen nachteilig auswirken (Frey 2008).

1.1.1 Kooptation und Männerbund

Kooption oder Kooptation bezeichnet die Praxis von Organisationsmitgliedern, NachfolgerInnen für ausgeschiedene oder zusätzliche Mitglieder nach dem Prinzip der größten Gleichheit zu wählen. Kooptation dient damit dem Erhalt einer möglichst homogenen Gruppenidentität (Loewenstein 1982). „Ob ein Bewerber in die Gruppe ‚passt', beruht meist auf der völlig diskretionären Entscheidung der zur Beurteilung berufenen Mitglieder oder eines von ihnen zur Prüfung satzungsgemäß bestimmten Organs." (Loewenstein 1982, S. 136). Für den Wissenschaftsbereich zeigte Loewenstein, dass sowohl nachvollziehbare Kriterien der wissenschaftlichen Befähigung eine Rolle spielen als auch diskretionäre Praktiken. Dies kann sich zum Beispiel darin zeigen, dass KandidatInnen mit guten Qualifikationen abgelehnt werden, da sie aus einer „befeindeten" Forschungsschule kommen.[2] Neben dem Zweck der Risikominimierung und dem Erhalt der Gruppenidentität kann die Ergänzungswahl auch dazu dienen, der Organisation wichtige Ressourcen, etwa Prestige, hinzuzufügen. Die kritisch-feministische Theorie knüpfte an das Theorem der Kooption an, indem sie die Kriterien der Zuwahl untersuchte. Eva Kreiskys Theorie des Männerbundes geht dabei davon aus, dass diese Netzwerke männlich geprägt sind und mikropolitische Gemeinschaften darstellen, die auf gemeinsamen Schul- oder Ausbildungserfahrungen basieren (Kreisky 2006). Frauen werden damit intendiert oder nicht intendiert aus Männerdomänen ausgeschlossen (Kreisky 2006).

---

2 Zur Geschichte außerwissenschaftlicher Kriterien zur Rekrutierung des wissenschaftlichen Nachwuchses an deutschen Universitäten Enders (2008, S.86).

Organisationsstrukturen 63

1.1.2 Sichtbarkeit

Eng mit den Konzepten zur Rekrutierung aus Netzwerken verbunden ist das Konzept der Sichtbarkeit (von Stebut 2003). Der Indikator *visibility* misst, wie sichtbar bzw. bekannt WissenschaftlerInnen in der *scientific community* sind. Das Konzept der Sichtbarkeit weist darauf hin, dass auch WissenschaftlerInnen sich wichtiges, karriererelevantes Kapital, z. B. Kontakte und Informationen, nicht alleine, sondern im Netzwerk erschließen (von Stebut 2003). Die Bekanntheit von WissenschaftlerInnen in der eigenen wissenschaftlichen Gemeinschaft ist ausschlaggebend für das Vorankommen.

Exkurs: Sichtbarkeit – Erfolgsfaktor für weibliche und männliche Wissenschaftskarrieren?

Annett Hüttges

An dieser Stelle wird die Bedeutung von Sichtbarkeit für Wissenschaftskarrieren anhand empirischer Befunde näher beleuchtet. Dazu werden Befragungsdaten einer deutschlandweiten Onlinestudie zur Karriereentwicklung von Wissenschaftlerinnen und Wissenschaftlern aus dem Jahr 2010 herangezogen. An einer Teilstichprobe von 437 NaturwissenschaftlerInnen in außerhochschulischen Forschungseinrichtungen sollen zwei Fragen beantwortet werden: Unterscheiden sich weibliche und männliche NaturwissenschaftlerInnen hinsichtlich ihrer Bemühungen um Sichtbarkeit? Trägt das Bemühen um Sichtbarkeit für weibliche und männliche NaturwissenschaftlerInnen in unterschiedlichem Maße zum Karriereerfolg bei?

Was zur Sichtbarkeit einer Wissenschaftlerin bzw. eines Wissenschaftlers beiträgt, wurde zunächst im Rahmen von ExpertInneninterviews mit Führungskräften aus außerhochschulischen Forschungseinrichtungen genauer spezifiziert. Demnach manifestiert sich Sichtbarkeit im Wissenschaftskontext am Bemühen von Personen, (1) bei einschlägigen Kongressen und Konferenzen mit einem aktiven Beitrag vertreten zu sein, (2) in hochrangigen wissenschaftlichen Zeitschriften zu publizieren und (3) GutachterInnenaufgaben im eigenen Spezialgebiet zu übernehmen. Als Indikator für Sichtbarkeit wurde die gemittelte Ausprägung der individuellen Bemühungen auf allen drei Dimensionen verwendet, die jeweils auf einer 5-stufigen Skala von den TeilnehmerInnen der Onlinestudie erfragt wurde.

Unterscheiden sich weibliche und männliche NaturwissenschaftlerInnen hinsichtlich ihrer Bemühungen um Sichtbarkeit?

Die nachfolgende Abbildung illustriert das Sichtbarkeitsbestreben der NaturwissenschaftlerInnen im Selbstbericht. Es werden die durchschnittlichen Ausprägungen getrennt für die wichtigsten vier Qualifikationsstufen im Wissenschaftskontext – von der Promotionsphase bis hin zur Professur – präsentiert. Zusätzlich enthält die Abbildung Informationen darüber, wie stark die erhobenen Daten um den Mittelwert streuen. Eine große Streuung spricht dafür, dass ein erhobenes Merkmal sehr heterogen eingeschätzt wird. Die Ergebnisse verdeutlichen zunächst, dass sich die PromovendInnen und Postdocs der Onlinestudie in mittlerem Maße um Sichtbarkeit bemühen, HabilitandInnen und (Vertretungs-)ProfessorInnen sogar in starkem Maße.

Abbildung 2: Einschätzung eigener Sichtbarkeitsbemühungen im Forschungsgebiet getrennt nach Qualifikationsstufe und Geschlecht (N = 437)

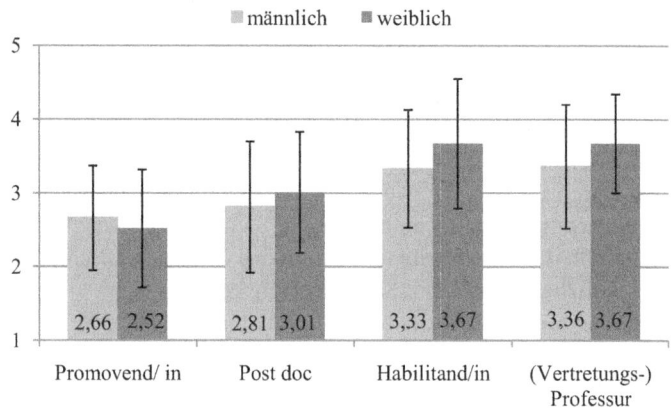

Um die Überlegung zu überprüfen, dass sich weibliche und männliche NaturwissenschaftlerInnen hinsichtlich ihrer Bemühungen um Sichtbarkeit unterscheiden, wurde eine statistische Unterschiedsprüfung mittels Varianzanalyse vorgenommen. Die Ergebnisse der Unterschiedsprüfung verweisen darauf, dass sich Frauen und Männer auf der jeweiligen Qualifikationsstufe **nicht** in ihren Bemühungen um Sichtbarkeit im Forschungsgebiet unterscheiden. NaturwissenschaftlerInnen bemühen sich also in vergleichbarem Maße darum, durch einschlägige Zeitschriften- und Kongressbeiträge sowie GutachterInnentätigkeit bekannt zu werden.

Trägt das Bemühen um Sichtbarkeit für weibliche und männliche NaturwissenschaftlerInnen in unterschiedlichem Maße zum Karriereerfolg bei?

Durch ein vergleichbares Bemühen kann jedoch nicht automatisch darauf geschlossen werden, dass Sichtbarkeit bei den Geschlechtern auch tatsächlich für die wissenschaftliche Karriere nutzt. Mit anderen Worten: Könnte es trotz allem sein, dass Frauen von ihrer Sichtbarkeit kaum in Hinblick auf ihren Karriereerfolg profitieren, während Männer trotz fehlender Sichtbarkeit Erfolg in ihrer wissenschaftlichen Karriere erzielen? Dazu wurde korrelativ überprüft, wie gut das Bemühen um Sichtbarkeit den subjektiv wahrgenommenen Karriereerfolg vorhersagt. Inhaltlich bedeutet eine positive Korrelation, dass ein verstärktes Bemühen um Sichtbarkeit gleichzeitig mit einem höheren Karriereerfolg der Person korrespondiert. Zur Erfassung des Karriereerfolgs wurde im Rahmen der Onlinestudie anhand mehrerer Fragen erhoben, wie erfolgreich sich die NaturwissenschaftlerInnen selbst im Vergleich mit (1) ehemaligen KommilitonInnen, (2) ihren derzeitigen TeamkollegInnen der gleichen Karrierestufe und (3) aus Sicht ihrer Führungskraft einschätzen. Hier wurden erneut alle Einzelausprägungen auf den genannten Dimensionen zu einem gemittelten Maß für den subjektiven Karriereerfolg aggregiert. Ferner wurde eine mögliche Alternativerklärung für einen potenziell stärkeren Zusammenhang zwischen Sichtbarkeit und Karriereerfolg bei Männern als bei Frauen berücksichtigt, der sich daraus ergeben könnte, dass mehr Männer als Frauen auf den höheren Qualifikationsstufen vertreten sind, auf denen sich insgesamt stärker um Sichtbarkeit bemüht wird, wie anhand der obigen Abbildung nachvollzogen werden kann. Aus diesem Grund wurden Partialkorrelationen berechnet, d. h., der Zusammenhang zwischen dem Sichtbarkeitsbemühen und dem subjektiven Karriereerfolg wurde um den Einfluss der aktuellen Qualifikationsstufe der Personen bereinigt und scheidet somit als Erklärung für potenzielle Geschlechtsunterschiede im Hinblick auf die Zusammenhangsstärken aus.

Abbildung 3: Partialkorrelation zwischen den wahrgenommenen Sichtbarkeitsbemühungen im Forschungsgebiet und dem vergleichenden subjektiven Karriereerfolg getrennt nach Geschlecht. Signifikanz: *** $p < .001$

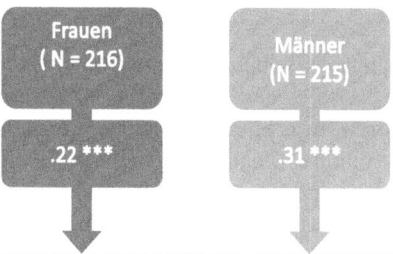

In der Abbildung kann die Stärke und Richtung des Zusammenhangs zwischen der Sichtbarkeit und dem subjektiven Karriereerfolg getrennt für weibliche und männliche NaturwissenschaftlerInnen der Onlinestudie nachvollzogen werden. Die Befunde zeigen statistisch bedeutsame, schwache bis mittlere positive Zusammenhänge zwischen dem Bemühen um Sichtbarkeit und dem subjektiven Karriereerfolg. Die Höhe des Zusammenhangs für Frauen und Männer unterscheidet sich dabei statistisch nicht bedeutsam voneinander.

Damit verdeutlichen die hier berichteten Ergebnisse, dass die Sichtbarkeitsbemühungen im Fachgebiet tatsächlich Karriererelevanz besitzen: Je stärker sich Naturwissenschaftlerinnen und Naturwissenschaftler auf Kongressen, beim Publizieren und bei GutachterInnenaufgaben engagieren, desto erfolgreicher schätzen sie sich auch im Vergleich zu wichtigen Referenzpersonen ein. Dabei spielt das Geschlecht der WissenschaftlerInnen jedoch keine Rolle: Frauen und Männer bemühen sich gleichermaßen um Sichtbarkeit und profitieren in ähnlichem Maße davon mit Blick auf ihren subjektiv eingeschätzten Karriereerfolg.

Laut Sørensen (1990) spielen im Konzept der Sichtbarkeit wissenschaftliche Vorgesetzte und KollegInnen innerhalb oder außerhalb der eigenen Wissenschaftsorganisation eine wichtige Rolle: Erst in ihrer Wahrnehmung wird ein/eine WissenschaftlerIn sichtbar oder auch nicht.

Im Vorausgegangenen wurde dargestellt, dass neben formalen Vorgaben auch starke informelle Rekrutierungs- und Beförderungsmechanismen auftreten und dass diese informellen Mechanismen geschlechterdiskriminierend wirken können. In Bezug auf die außerhochschulischen Forschungsgesellschaften muss untersucht werden, wie neue Mitglieder in Organisationen aufgenommen werden:

- Per Ausschreibung, persönliche Ansprache oder Bekanntheit?
- Bestehen formale Kriterien und Prozedere? Wie werden diese zwischen den Instituten und den Dachgesellschaften bzw. Geschäftsstellen gehandhabt?
- Was wird getan, um Chancengleichheit im Bewerbungsverfahren zu gewährleisten?
- Nach welchen Kriterien werden karriereförderliche Chancen verteilt?

1.2 Wissenschaft als Arbeitsumfeld

Neben den im Vorangegangenen dargestellten Rekrutierungs- und Beförderungsmechanismen bilden sich auch innerhalb des Arbeitsumfelds von WissenschaftlerInnen Strukturen aus, die die Karriereverläufe beeinflussen. Wissenschaft gilt nach wie vor als sehr männlich geprägtes, hoch kompetitives Arbeitsumfeld, das von einem Berufsbild geprägt ist, in dem andere Interessen und Verpflichtungen neben der Wissenschaft wenig Raum finden. Folgende Charakteristika werden in der derzeitigen Debatte dem Wissenschaftsbetrieb zugeschrieben, die speziell für Frauen Barrieren darstellen.

1.2.1 Wissenschaft als Lebensform

Das Leitbild von der ‚Wissenschaft als Lebensform' (Mittelstraß 1989) sieht vor, dass andere Interessen und Verpflichtungen neben der Wissenschaft keinen Raum im Berufsbild haben (Matthies & Simon 2004). Dieses Leitbild baut auf dem männlichen Ernährermodell auf, das nur mit einer unterstützenden zweiten Person funktioniert, die die Familienaufgaben übernimmt (vgl. dazu auch Acker 1998). Laut Matthies und Simon wird dieses Leitbild der ‚Wissenschaft als Lebensform' heute in der deutschen Forschungslandschaft „weder explizit diskutiert noch ernsthaft infrage gestellt" (Matthies & Simon 2004, S. 286). Es werde aber von jüngeren WissenschaftlerInnen abgelehnt.

Das Leitbild der ‚Wissenschaft als Lebensform' ist eng mit dem Konzept des Präsentismus verbunden (Franks 1999). Franks zeigt, dass MitarbeiterInnen, auch wenn keine dringende Arbeit vorliegt, über die vorgeschriebenen Stunden hinaus arbeiten, um so ihre Loyalität und ihr Engagement gegenüber dem Unternehmen auszudrücken (Franks 1999; vgl. auch Watts 2009). Die Thematik der Überstundenkultur steht in enger Verbindung zum Phänomen der Sichtbarkeit. Wenn in einer Organisation eine Kultur des Präsentismus vorherrscht, so werden bestimmte Personenkreise, etwa Personen mit Familienverpflichtung oder gesundheitlicher Einschränkung, aber auch Personen mit einer auf Work-Life-Balance ausgerichteten Präferenzordnung, ausgegrenzt. Der Zwang zur zeitlichen Verfügbarkeit kann auch zu einer aktiven Ablehnung des Arbeitsumfelds Wissenschaft führen. Die Studie von Matthies und Simon (2004) zeigt, dass die Überstundenkultur über Geschlechtergrenzen hinweg kritisiert wird. Matthies und Simon konstatieren aber Unterschiede auf der Handlungsebene. „Vor allem junge Wissenschaftlerinnen sehen auf Dauer keine für sie ausgewogene Balance zwischen den Anforderungen in der Wissenschaft und ihren lebensweltlichen Interessen und ziehen deshalb einen Ausstieg aus der Wissenschaft in Betracht, während die männlichen Wissenschaftler eher dazu neigen, das Private der Karriere zu opfern" (Matthies & Simon 2004, S. 299).

Von großer Bedeutung ist dabei, wie die Organisationen die Vereinbarkeit von Beruf und Privatleben thematisieren. So weisen sowohl Matthies und Simon als auch Lind darauf hin, dass die automatische Verbindung von Frauen mit dem Thema Vereinbarkeit zum Ausschluss von Frauen aus einer Organisation führen kann. Denn dies, so Matthies und Lind, führe dazu, dass der weibliche Körper automatisch mit der Institution Familie verbunden werde und damit als Symbol für eine unsichere Karriere gelte (Lind 2007; Matthies & Simon 2004). Die Autorinnen entdeckten, dass auch kinderlose Frauen in höherem Maße als ihre männlichen Kollegen ihre Leistungsfähigkeit und Bereitschaft unter Beweis stellen müssen. Es gilt, in Bezug auf die außerhochschulische Forschung zu untersuchen, welche Bilder von exzellenten WissenschaftlerInnen in den Forschungsgesellschaften vorherrschen, ob ein Bewusstsein für die Notwendigkeit der Vereinbarkeit von Beruf und Privatleben im Arbeitsfeld außerhochschulische Forschung, speziell auch in Bezug auf Führungspositionen, vorhanden ist und welche Bedeutung dem Thema zeitliche Verfügbarkeit beigemessen wird.

1.2.2 Wissenschaft als kompetitives und unsicheres Arbeitsumfeld

Seit den 1970er Jahren hat ein stetiger Wandel des deutschen Wissenschaftssystems stattgefunden. Der Übergang war vor allem durch eine engere Integration der Teilsysteme ‚Wissenschaft' und ‚Wirtschaft' verursacht und führte zu einer Änderung der Steuerung des Wissenschaftssystems (Heinze & Arnold 2008; Hohn & Schimank 1990; Knie & Simon 2009; Lengwiler 2010). Dieser Wandel wurde von neuen Instrumenten für die Bewertung der wissenschaftlichen Qualität in allen deutschen Forschungseinrichtungen begleitet (Heinze 2002; Hornborstel 2008; Hornborstel 2010; Kuhlmann 2009). Dies führte auch zu einem Wandel der Selektionskriterien für den wissenschaftlichen Nachwuchs: „*Publish or perish*" wurde zu einem geflügelten Wort für die Notwendigkeit für NachwuchswissenschaftlerInnen, durch Publizieren in hochrangigen Journalen ihre wissenschaftliche Eignung darzulegen (Röbbecke 2008).

Die skizzierten Wandlungsprozesse führen dazu, dass das Publikationsverhalten und die Fähigkeit des Einzelnen, Drittmittel einzuwerben, zunehmend überlebenswichtig für die gesamte Organisation sind: „Ob, wann, wo und wie viel jemand publiziert, ist daher keineswegs mehr nur der Entscheidung einzelner Wissenschaftlerinnen und Wissenschaftler überlassen" (Röbbecke 2008, S. 165). Angesichts dieses hohen Stellenwerts von Qualitätssicherung ist davon auszugehen, dass die Wissenschaftsorganisationen Mechanismen ausbilden, um die einzelnen Organisationsmitglieder zu einer möglichst guten Zielerfüllung im Sinne der Evaluationskriterien zu bewegen.

In der Forschung zu Geschlecht und Arbeitsmarkt herrschte lange die These vor, dass Männer eine höhere Wettbewerbs- und Konkurrenzorientierung als Frauen aufweisen würden. Untersuchungen zum Arbeitsfeld Wissenschaft falsifizierten diese These. Sie zeigten vielmehr, dass innerhalb beider Geschlechtsgruppen Befürworter und Kritiker der Konkurrenzorientierung zu finden sind. Geschlechterdifferenzen bestehen jedoch auf der Handlungsebene. Während eine hohe Konkurrenzorientierung im Arbeitsumfeld bei Männern nicht zu einer beruflichen Umorientierung führt, äußerten mehrere Frauen Gedanken an Umorientierungen (Matthies & Simon 2004, S. 299).

Es gilt, in Bezug auf die außerhochschulischen Forschungseinrichtungen zu fragen, welche Bedeutung Evaluationen zukommt und wie der Evaluationsprozess auf die einzelnen MitarbeiterInnen übertragen wird. Welche positiven und negativen Auswirkungen haben die Evaluationsresultate für Institute, Abteilungen und MitarbeiterInnen? Inwiefern wird durch Evaluationen nicht nur die Exzellenz der Forschung, sondern auch die Exzellenz des Arbeitsumfelds (Ressourcen, Nachwuchsförderung, Work-Life-Balance) gesichert?

Als weitere Barrieren für WissenschaftlerInnen werden in der Literatur die große Unsicherheit und schlechte Planbarkeit wissenschaftlicher Karrieren bezeichnet (Enders 2008; Gülker & Böhmer 2010; Lind 2007), die Max Weber das „Spiel des akademischen Hazard" nannte (Weber 1919)[3]. Dieses Spiel hat sich in den vergangenen Jahren noch verschärft, der Anteil befristeter Stellen ist kontinuierlich gestiegen. Für das deutsche Hochschulsystem stellte der Wissenschaftsrat im Jahr 2007 fest, dass 75 % aller Beschäftigungsverhältnisse befristet sind (Klecha & Reimer 2008). Die sich daraus ergebende Unsicherheit des Arbeitsplatzes in der Wissenschaft wird als große Barriere für diejenigen WissenschaftlerInnen gesehen, die nicht dem Ideal der ‚Wissenschaft als Lebensform' entsprechen. So schließt etwa Sigried Metz-Göckel aus mehreren Studien zum Arbeitsumfeld Wissenschaft, dass Befristung ein „wesentliches Hemmnis für Frauen und Männer, die Elternschaft mit wissenschaftlicher Karriere verbinden wollen", darstellt (Metz-Göckel 2007, S. 133). Der Ausstieg von Frauen aus der Wissenschaft wird in der Literatur zunehmend mit dem unsicheren Arbeitsfeld Wissenschaft in Verbindung gebracht (Metz-Göckel 2007).

Tabelle 1: Überblick zu den Erklärungsansätzen

ERKLÄRUNGS-ANSÄTZE	THESEN	GEGENSTAND	
Geschlecht und Organisation	Organisationen legen Bewertungssysteme an (hohe zeitliche Verfügbarkeit wird positiv bewertet, bestimmte Positionen sind nicht in Teilzeitarbeit möglich)	Organisationale Vorgaben für Karrierewege	Fordern und Fördern
Kooption und Netzwerke	Kooptation schafft geschlossene und kohäsive Gruppen, die meistens ihres-gleichen rekrutieren und Andersdenkende ausschließen	Auswahlstrukturen in Organisationen	
Sichtbarkeit	Die Bekanntheit einer/s Wissenschaftler/s)In in der eigenen wissenschaftlichen Gemeinde ist ausschlaggebend für das Vorankommen	Karriererelevante Faktoren	
Geschlechterbilder in der Wissenschaft	Die Konnotierung von Wissenschaftlerinnen mit geringer zeitlicher Verfügbarkeit schafft Karrierebarrieren	Barrieren für Karrierewege	Arbeitsumfeld
Riskante Karrieren	Hohe Arbeitsunsicherheit und Konkurrenzorientierung im Arbeitsfeld Wissenschaft führt zum drop out von Frauen	Arbeitsmotivation	

Es gilt in Bezug auf die außerhochschulische Forschung zunächst zu untersuchen, welche Bedeutung befristeten Stellen von den Forschungsgesellschaften beigemes-

---

3 Zu den Auswirkungen der oft als prekär bezeichneten Arbeitssituationen auf den/die einzelne/n WissenschaftlerIn und zum Umgang von WissenschaftlerInnen mit diesen Arbeitssituationen vgl. ausführlich Klecha & Reimer (2008).

sen wird. Welche Anreize bieten außerhochschulische Forschungseinrichtungen ihren WissenschaftlerInnen, um die Attraktivität des Arbeitsplatzes zu steigern und Unsicherheiten, die sich etwa durch befristete Verträge ergeben, auszugleichen? Tabelle 1 fasst die dargelegten Thesen nochmals zusammen.

2. Datensample und Methodik

Zwischen Februar und April 2010 wurden qualitative, leitfadengestützte Interviews mit 16 ExpertInnen aus den Geschäftsstellen der vier außerhochschulischen Forschungsgesellschaften Fraunhofer-Gesellschaft, Helmholtz-Gemeinschaft, Leibniz-Gemeinschaft und Max-Planck-Gesellschaft sowie drei Einrichtungen der Ressortforschung geführt. In jeder der Einrichtungen wurden Personen aus den Bereichen Evaluation, Personal und Chancengleichheit befragt. Von den 16 ExpertInnen waren sechs männlich und zehn weiblich. Diese werden im Folgenden als P1 bis P16 bezeichnet. Das Geschlecht, die Funktion und die Zugehörigkeit werden im folgenden Bericht anonymisiert. Die Zuweisung des ExpertInnenstatus erfolgte aufgrund der Funktion der Interviewten in den Gesellschaften. Trotz des ExpertInnenstatus der Datenquelle handelt es sich bei den durch die Interviews gewonnenen Daten aber nicht um objektive Informationen. Denn qualitative Interviews, und so auch ExpertInneninterviews, stellen immer soziale Situationen dar, in denen das Verhältnis zwischen Interviewer und Interviewtem auf den Informationsfluss einwirkt (Bogner & Menz 2002).

Die Interviews wurden *face to face* oder telefonisch durchgeführt. Die durchschnittliche Interviewzeit betrug ca. 60 Minuten. Die transkribierten Interviews wurden mit einer qualitativen Datenanalyse nach Mayring (2008) mit Hilfe des Programms ATLAS.ti ausgewertet. ATLAS.ti ermöglicht ein systematisches Auswerten sogenannter weicher Daten, also von Inhalten, die sich der herkömmlichen formalen statistischen Analyse entziehen würden.

3. Vorstellung der empirischen Ergebnisse

Im Folgenden werden die wichtigsten Interviewergebnisse vorgestellt. Die Darstellung orientiert sich inhaltlich an den entwickelten Thesen und Fragestellungen zu den Themenbereichen Rekrutierung, Förderinstrumente, Arbeitsumfeld sowie Chancengleichheit.

3.1 Organisationale Vorgaben für Karrierewege

Ein Leitbild, das sich durch sämtliche Forschungsgemeinschaften zieht, ist das der exzellenten WissenschaftlerInnen. Geschlecht ist ein Merkmal, das bei diesem Leitbild keine Rolle zu spielen scheint, also auch nicht im Rekrutierungsprozess, wie das folgende Zitat verdeutlicht: „Also ich sage immer, es geht um Köpfe und nicht um Körper" (P5). Dieses Leitbild steht aber im Gegensatz zum Status quo des *gender gaps* in den außerhochschulischen Forschungseinrichtungen. Die regelmäßige Situationsanalyse der Gemeinsamen Wissenschaftskonferenz zeigt, dass bei den Führungspositionen ein Großteil der dort beschäftigten MitarbeiterInnen männlich ist (Gemeinsame Wissenschaftskonferenz 2010). Es gilt also zu fragen, inwiefern dieses *gender gap* auch den Rekrutierungsprozessen in außerhochschulischen Forschungseinrichtungen geschuldet ist. Dazu wurde in den Interviews zunächst nach den Einstellungskriterien gefragt sowie etwas offener nach der „Art der WissenschaftlerInnen", die die Gesellschaften suchen.

3.1.1 Anforderungen an WissenschaftlerInnen

In den außerhochschulischen Forschungseinrichtungen wird bei der Suche nach neuen WissenschaftlerInnen vor allem auf die *wissenschaftliche Exzellenz* geachtet. Sie sind „an den Besten" (P1) interessiert und suchen „natürlich exzellente Wissenschaftler [...], sehr gute Leute aus dem In- und aus dem Ausland" (P12). Neben der fachlichen Exzellenz spielen referierte Publikationen eine Rolle: „Sie haben immer exzellent referierte Publikationen dabei, meistens auch einen relativ glatten Lebenslauf. Hoch qualifiziert und das dann zu dem Forschungsgebiet besonders gut passt" (P1).

Daneben sind aber in allen Forschungsgesellschaften in unterschiedlich starkem Maße weitere Fähigkeiten gefragt: Anwendungsorientierung, Fähigkeit im Wissenschaftsmanagement, Kompetenz in der Drittmittelakquise sowie Personal-, Team- und Führungskompetenz. Weitere, weniger häufig genannte Einstellungskriterien sind zum einen die Auslandserfahrung, die jedoch von der Aufgabenstellung innerhalb eines Projektes abhängig ist (P9), und zum anderen die Vernetzung mit Hochschulen (P1). Welche Kombination von Fähigkeiten gesucht wird, wird von der Stelle, vom Institut und von den dazugehörigen Interessengruppen beeinflusst: „Das hängt von der jeweiligen Konstellation ab. Bis dahin, dass man sagt, man muss jemanden haben, der eine Gruppe zusammenhält, der sozusagen softe Kompetenzen hat, die man sucht, oder eine Leitungskompetenz hat, die man sucht. Das hängt aber immer von der jeweiligen Konstellation ab. Ob nun grundlagenforschungsorientiert oder anwendungsorientiert hängt auch davon ab, welches Institut schreibt welche Stelle aus" (P4). Außerdem muss bei einem kurzfristigen Projekt auch darauf geachtet werden, „wer ist jetzt verfügbar, wer kann es machen und dann wird das natürlich so ideal wie möglich besetzt" (P7). Die Kriterien für die Rekrutierung sind also sehr variabel und hängen von den jeweiligen Konstellationen der AkteurInnen ab. Die Frage nach Fächerspezifika im Einstellungsprozess wird eher verneint, denn die groben Anforderungen an die WissenschaftlerInnen seien vergleichbar.

3.1.2 Anforderungen an Führungspositionen

Die Doppelausrichtung auf wissenschaftliche Exzellenz und Anwendungsorientierung sowie die Bedeutung von Wissenschaftsmanagement nimmt mit steigender Qualifikationsstufe und zunehmenden Leitungs- und Führungsaufgaben zu. „In dem Augenblick, wo ich anfange zu verbeamten beziehungsweise Leitungsfunktionen zu vergeben, kommen in erheblichem Maße Soft Skills und Managementqualitäten dazu" (P9). Darüber hinaus werden Personalführungsqualitäten vorausgesetzt. Im Vordergrund steht aber nach wie vor die Forschung: „Aber in ganz erster Linie natürlich ist der exzellente Forscher für uns wichtig, weil der ja mit seinem Wissen und mit seinem Knowhow das Institut auch wissenschaftlich leiten und auf gute neue Bahnen bringen soll" (P12).

Auch die Einwerbung von Drittmitteln spielt eine zunehmend wichtige Rolle (P15). Somit beinhaltet die Übernahme einer Projektleitungsstelle heute auch Akquisetätigkeiten und die Fähigkeit, mit Unternehmen in Kontakt zu treten und Kooperationen zu schließen (P3). Personen, die sich durchsetzen können und auch eine reelle Chance auf eine Führungsposition haben, arbeiten in (internationalen) Gremien, können sehr schnell Anträge schreiben und Gutachten erstellen, verfügen über ein persönliches Netzwerk, lernen schnell und sind international orientiert (P4, P8).

Die Interviews stellen die außerhochschulische Forschung als stark kompetitives Arbeitsumfeld dar. In diesem ist eine Vielzahl von Fähigkeiten gefragt, wobei der Schwerpunkt auf exzellenter Forschung liegt. Darüber hinaus wird mit zunehmender Qualifikationsstufe das Wissensmanagement immer wichtiger. Welche Art der Zusatzqualifikation gerade gefragt ist, setzt einen flexiblen Aushandlungsprozess innerhalb des Instituts voraus, und gerade bei kurzfristigen Projekten spielen neben der wissenschaftlichen Qualifikation noch viele weitere Faktoren eine Rolle.

Auch wird sich eine im Projekt im wahrsten Sinne des Wortes „sichtbare" Person mehr durchsetzen als eine zwar gut qualifizierte, aber zeitlich geringer verfügbare. Da die Einstellungsprozesse oft flexible Aushandlungsprozesse mit geringem Formalisierungsgrad darstellen, nimmt die Bedeutung von Sichtbarkeit zu, sei es für die Formulierung, Bewerbung oder Einstellung eines neuen Teammitglieds, wie im Folgenden ausgeführt wird.

3.1.3 Rekrutierung aus Netzwerken

In allen vier Gesellschaften sowie einer Ressortforschungseinrichtung berichteten die ExpertInnen von der Praktik der Rekrutierung aus informellen, persönlichen Netzwerken. Die Mitgliedschaft in solchen Netzwerken wurde als äußerst wichtig für die Rekrutierungschancen eingestuft.

Zwar wurde in allen Interviews darauf hingewiesen, dass Stellen ausgeschrieben werden. InterviewpartnerInnen aus drei Gesellschaften stellten die Rekrutierung aus Netzwerken jedoch als zusätzliche Praxis dar, etwa um Bewerber zu finden, die besonders passförmig sind (P1, P7, P13). Oft handelt es sich hierbei um Bewerber, die mit der Einrichtung bereits in Verbindung standen: „Da ist keinem mit gedient, wenn wir irgendwie sagen, um eine Chance zu wahren, nehmen wir jetzt im Zweifel lieber den, der bei uns noch nicht war. Je intensiver ich das Umfeld kenne […], umso genauer kann ich sagen, es passt für mich oder es passt für mich nicht" (P7). Gleichzeitig wiesen einige InterviewpartnerInnen explizit darauf hin, dass es sich dabei dezidiert um Männernetzwerke handelt, während InterviewpartnerInnen aus zwei Gesellschaften diese Behauptung ablehnten (P3, P5): „Ich habe schon den Eindruck, dass in den meisten Instituten, es mag Ausnahmen geben, aber in den meisten Instituten ist es nicht die Frage, bin ich Frau oder Mann, werde ich eingestellt. Es ist wirklich die Frage, was kann ich" (P3).

Vorschub gibt der Rekrutierung aus Netzwerken auch die geringe Formalisierung des Einstellungsprozesses und die Rolle von *gate keepern*. Damit sind Personen oder Gremien gemeint, die eine wichtige Position bei Entscheidungsfindungsprozessen innehaben. So werden beispielsweise Arbeitsbeschreibungen auf Ebene der AbteilungsleiterInnen erstellt. Eine interviewte Person wies aber darauf hin, dass der Großteil der an Rekrutierungsprozessen Beteiligten diese Diskriminierungsprozesse nicht bemerke. Es gebe hier einen Unterschied zwischen der individuellen und der organisationalen Wahrnehmung: „Ich sprach mit einem, der sagte, ja wir als Einzelne nehmen das wahr, aber als Masse sind wir blind" (P13).

Gerade bei der Rekrutierung von Führungspersonen spielen Netzwerke eine große Rolle. Einige Gesellschaften haben hier spezielle Mechanismen entwickelt. Beispielsweise werden die adäquaten KandidatInnen in Form von Findungskommissionen ermittelt. Diese Mechanismen der „Findung" hängen auch mit dem hohen Stellenwert von Führungspositionen in einigen Einrichtungen zusammen. So wendet beispielsweise die Max-Planck-Gesellschaft das Harnack-Prinzip an, wobei Institute um eine exzellente Forscherpersönlichkeit herum aufgebaut werden.[4]

---

[4] Vgl. <http://www.mpg.de/101251/MPG_Einfuehrung?page=2> Zugriff am 22.03.2011.

3.1.4 Rekrutierung aus Frauennetzwerken

Teilweise wird den informellen Rekrutierungspraktiken mit der aktiven Rekrutierung von Frauen aus Netzwerken begegnet. Eine interviewte Person betonte die Bedeutung der aktiven Rekrutierung von Frauen, denn wenn es „mehr Direktorinnen gäbe, dann wäre es auch leicht, dann gäbe es auch mehr Frauen in den Berufungskommissionen und dann würden auch mehr Kandidaten, Kandidatinnen vorgeschlagen, die überhaupt in Betracht genommen werden als Direktorin. Ich bin fest davon überzeugt, solange sich das nicht ändert, solange das versteinert bleibt, wird sich auch sonst nichts ändern. Diese Netzwerke spielen dann, wenn Stellen ohne Ausschreibung besetzt werden, eine enorme Rolle" (P7).

Insgesamt bildet die aktive Rekrutierung von Frauen aus Netzwerken keine gängige Praxis, nur drei Gesellschaften wenden dieses Instrument an, sodass man sich dem Resümee einer interviewten Person anschließen kann: „Wir tun zu wenig proaktiv, um Wissenschaftlerinnen überhaupt zu bekommen, bei der Rekrutierung" (P2).

3.1.5 Gleichstellungsmechanismen im Rekrutierungsprozess

Praktiken der Rekrutierung, die geschlechterdiskriminierend wirken, stehen verschiedene Maßnahmen zur Sicherung der Chancengleichheit im Rekrutierungsverfahren gegenüber. Wie wird nun Gleichstellung im Einstellungsprozess gesichert? Hier zeigte sich, dass dieses Thema in den Gesellschaften ganz unterschiedlich gehandhabt wird. Während in einigen Gesellschaften das Thema Gleichstellung im Einstellungsprozess zentral geregelt ist, wird in anderen der Auswahlprozess komplett an die Arbeitsgruppe delegiert. Eine Gesellschaft versucht, über die übliche Aufforderung von Frauen zur Bewerbung hinaus, bereits den Ausschreibungstext geschlechtersensibel zu gestalten, etwa durch entsprechende bildliche Darstellung oder Nennung von Maßnahmen zur Vereinbarkeit. In anderen Gesellschaften gibt es dagegen überhaupt keine Vorgaben an die Institute. Quotenvorgaben werden in den Gesellschaften nicht als Instrument der Gleichstellung genutzt. Eine interviewte Person gab an, dass sich der Vorstand durchaus eine Quote vorstellen könne, die Institute aber nicht dazu bereit seien (P1). Eine andere interviewte Person wies darauf hin, dass die Quote dem Exzellenzanspruch der Führungsebene widerstrebe (P13). Auch wurde zu bedenken gegeben, dass eine Quote nichts ändern kann, wenn sich kaum Frauen z. B. auf eine AbteilungsleiterInnenausschreibung bewerben: „Ich meine mit Diskriminierung, dass man eben auch den Männern eine faire Chance geben muss und nicht von vornherein sagt, also jetzt müssen wir unbedingt eine Frau einstellen, egal, was kommt. Da haben wir eigentlich das große Problem" (P8).

Tabelle 2: Gleichstellungsmechanismen im Rekrutierungsprozess

Steuerung	Mechanismus	ExpertIn
Zentral	Geschlechtersensible Ausschreibung	P3
	Anwendung Bundesgleichstellungsgesetz	P4
↓	Zentrale Verfahrensregelung	P4, P5
	Arbeitsgruppe gestaltet Auswahlprozess	P6
Dezentral	Keine Vorgaben von Gesellschaft an Institute	P9, P12

Auch was die Einbindung von Gleichstellungsbeauftragten anbetrifft, herrscht große Vielfalt. Es zeigte sich, dass die meisten Gesellschaften über Gleichstellungsbeauftragte verfügen, deren Kompetenzen und Grad an Einbeziehung sind aber unterschiedlich.

Tabelle 3: Einbindung der Gleichstellungsbeauftragten

Kompetenzen und Grad an Einbeziehung	ExpertIn
Bei Bewerbungsgespräch hinzuzuziehen	P7, P8, P14
In Kommissionen involviert	P13
Können Unterlagen sehen	P10
Liegt im Ermessen der Gleichstellungsbeauftragten	P10
Hinzuziehung der Gleichstellungsbeauftragten liegt im Ermessen der Institute	P1

Zwar berichteten drei InterviewpartnerInnen, dass bei Bewerbungsgesprächen die Gleichstellungsbeauftragten hinzuzuziehen sind. Eine interviewte Person wies aber auch darauf hin, dass die „Realität in den Instituten variiert" (P3). Noch stärker betonte dies eine andere interviewte Person, die darauf hinwies, dass die Gesellschaft die Einbeziehung der Gleichstellungsbeauftragten sowie die Anwendung von Gleichstellungskriterien nicht anordnen, sondern nur anregen kann.

Als weitere Maßnahmen zur Sicherung von Chancengleichheit im Rekrutierungsprozess gab eine Person an, der Personalrat werde diesbezüglich geschult (P9). Eine andere interviewte Person betonte, dass man sich um ein professionelles Bewerbermanagement bemühe (P3).

Organisationsstrukturen 77

3.2 Instrumente der Personalentwicklung

Im Vorausgegangenen wurde dargestellt, welche Praktiken zur Rekrutierung von WissenschaftlerInnen bestehen. Im Folgenden wird nun untersucht, welche Beförderungsmechanismen und Personalentwicklungsinstrumente für die WissenschaftlerInnen vorliegen, die bereits in eine Forschungsgesellschaft aufgenommen wurden. Zu den Interviews wurde ein Begleitfragebogen gereicht, der nach den wesentlichen Personalentwicklungsinstrumenten, wie etwa Zielvereinbarungen oder Mentoring, fragt. Die nachfolgende Abbildung stellt die Nennung vorhandener Angebote durch die ExpertInnen (Anzahl) sowie die Inanspruchnahme der Instrumente durch die WissenschaftlerInnen aus Einschätzung der ExpertInnen dar (Inanspruchnahme). Hierbei gilt es zu beachten, dass damit nur die Instrumente auf zentraler Ebene abgefragt werden konnten. Daneben bestehen zahlreiche Instrumente in den Instituten, die in dieser Studie nicht erfasst werden konnten.

Abbildung 4: Inanspruchnahme von Personalentwicklungsinstrumenten nach der Qualifikationsphase

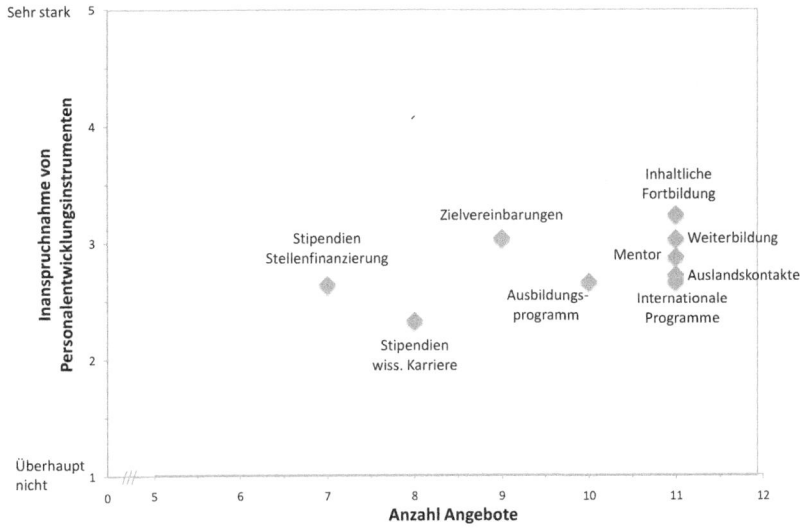

Während bei einigen Instrumenten das Verhältnis zwischen Angebot und Nachfrage ausgewogen ist, zeigt sich bei anderen ein Missverhältnis. So werden internationale Programme und Auslandskontakte häufig angeboten bzw. in die Wege geleitet, die Nachfrage ist aber nur durchschnittlich. Zielvereinbarungen sind dagegen stark nachgefragt, aber eher durchschnittlich etabliert. Stipendien zur Unterstützung der wissenschaftlichen Karriere, z. B. Haushaltshilfe und Babysitter, werden eher gering nachgefragt und auch wenig angeboten. Die Interviews lieferten keine Erklärung dafür, warum dieses Instrument, dem in der Vereinbarkeitsdebatte derzeit große Wirkungskraft zugemessen wird, so gering nachgefragt wird.

Wie eingangs dargestellt, kommt der Führungs- und Teamkompetenz sowie der Drittmittelakquise in allen Forschungsgesellschaften eine hohe Bedeutung zu. ExpertInnen aus drei Gesellschaften berichteten über vereinzelte Maßnahmen in diesem Bereich. Als Instrumente wurden eine Führungskräfteakademie, Projektleitungstraining, Weiterbildungen im Bereich der Akquise von Drittmitteln sowie Führungstraining genannt.

Das unterschiedlich gefächerte Angebot von Personalentwicklungsinstrumenten ist auch dem rechtlichen Rahmen, in dem die außerhochschulischen Forschungseinrichtungen operieren, geschuldet. So ist etwa die Bezahlung einer Leistungszulage nur in eingeschränktem Maße möglich, wobei sich die Rahmenbedingungen der Ressortforschung von denen der vier großen Forschungsgesellschaften unterscheiden, etwa durch die Möglichkeit der Verbeamtung in der Ressortforschung sowie deren Dienstleistungsauftrag.

Da die finanziellen Anreize für WissenschaftlerInnen recht eingeschränkt sind, versuchen die außerhochschulischen Forschungseinrichtungen, MitarbeiterInnen über andere Anreizformen für sich zu gewinnen. Darunter werden hier neben den beruflichen Anreizen auch die Anreize zur besseren Work-Life-Balance verstanden.

Tabelle 4: Anreize für WissenschaftlerInnen

Anreize	ExpertIn
Sehr gute Ausstattung und ein hervorragendes Arbeitsumfeld	P1, P4, P8, P10
Teilhabe an Patenten sowie Prämien für Erfindungen	P7, P10, P11
Internationale und wissenschaftliche Vernetzung	P1, P11
Kontinuierliche Qualifizierung/Fortbildung	P7

Auf die starke Personalisierung und Individualisierung von Förderung wies eine interviewte Person hin. Ihr zufolge sind die Institute autonom in Bezug auf die Vorgaben für die Förderung. Zwar agieren sie in einem engen Rahmen, aber ob

WissenschaftlerInnen Möglichkeiten erhalten oder nicht, hängt von Einzelentscheidungen ab, bei denen Kriterien der Sichtbarkeit eine große Rolle spielen: „Die Institute sind ja so autark, dass die ja ihre eigene Förderung betreiben. Also, wenn [...] ein Institut oder eine Abteilung jemanden toll findet, sind die ja auch verantwortlich dafür, diese Person zu fördern und nicht die Gesellschaft. [Wenn aber jemand auffällt,] dann ist das natürlich für den Direktor oder die Direktorin auch ein Ansporn zu sagen, dem gebe ich jetzt doch eine feste Stelle oder ich lobe dich weg, ich lasse einmal meine Kontakte spielen, damit du in eine super Gruppe in die USA kommst oder so" (P13).

Neben den Personalentwicklungsinstrumenten untersuchten wir die Rolle von Vorgesetzten für die Karriereentwicklung. In zwei Gesellschaften zeigte sich eine hohe Abhängigkeit von AbteilungsleiterInnen bzw. DirektorInnen. So gab eine interviewte Person an, die Karriere von WissenschaftlerInnen sei eng an die Karriere der InstitutsleiterInnen gebunden, es liege in deren Verantwortung, bei einem Weggang auch für die verbleibenden MitarbeiterInnen zu sorgen (P13). Eine weitere interviewte Person wies darauf hin, dass AbteilungsleiterInnen deshalb so hohe Bedeutung zukomme, weil sich bei ihnen die Ressourcen bündeln, die für den weiteren Werdegang der WissenschaftlerInnen wichtig sind: „Denn die Person hat das Netzwerk, die verfügt über Ressourcen, über Gutachten, Kooperationsmöglichkeiten usw." (P4). Im Fall von anwendungsorientierten Projekten laufen die Industriekontakte meist über die AbteilungsleiterInnen, d. h., auch wenn sich WissenschaftlerInnen für eine weitere Karriere in dieser Richtung interessieren, ist die Abteilungsleitung von Bedeutung. Auch bei der Beurteilung der MitarbeiterInnen spielen die AbteilungsleiterInnen eine Rolle (P5). Die AbteilungsleiterInnen und DirektorInnen nehmen damit die Funktion der *gate keeper* ein. Sie können maßgeblich beeinflussen, wer vorankommt und wem feste Stellen bzw. karriererelevante Möglichkeiten gegeben werden.

3.3 Das Arbeitsumfeld Wissenschaft

Neben den beschriebenen Rekrutierungs- und Beförderungspraktiken wurden im Analyseraster die Charakteristika des Arbeitsumfelds Wissenschaft als Gründe für das *gender gap* angeführt. Im Folgenden wird deshalb untersucht, unter welchen Bedingungen WissenschaftlerInnen in den außerhochschulischen Forschungseinrichtungen forschen und inwiefern diese Umstände auf sie einwirken.

3.3.1 Work-Life-Balance

Schwierigkeiten bei der Vereinbarkeit von Beruf und Privatleben werden in der derzeitigen Debatte um das *gender gap* in der Wissenschaft als große Barriere aufgeführt. Im Folgenden werden die Elemente beschrieben, die von den Forschungsgesellschaften als besondere Vereinbarkeitsproblematiken aufgeführt wurden. Dabei ist anzumerken, dass alle InterviewpartnerInnen durchgehend das Thema Vereinbarkeit von Beruf und Privatleben mit der Vereinbarkeit von Beruf und Familie konnotierten, weshalb im Folgenden dieser Begriff gewählt wird. Zusatzbelastungen wie Dienstreisetätigkeit oder hohe Ansprüche an zeitliche Flexibilität durch Laborarbeit wurden am häufigsten genannt, was auch das Porträt einer Diplom-Chemikerin im Folgenden exemplarisch zeigen wird. Auch kurzfristige Projekte mit sich häufenden Phasen zeitintensiver Projektabschlüsse werden als Mehrbelastung gesehen. Als grundsätzlich schwierig für die Vereinbarkeit von Beruf und Privatleben wird die Anforderung an WissenschaftlerInnen betrachtet, möglichst international erfahren zu sein und je nach (befristeter) Stelle den Standort zu wechseln. Diese Vereinbarkeitsproblematiken weisen zunächst keine Geschlechterspezifika auf. Jedoch wurde von drei InterviewpartnerInnen darauf hingewiesen, dass Frauen in höherem Maße von diesen Problematiken betroffen seien. Die InterviewpartnerInnen berichteten dabei, dass Wissenschaftlerinnen versuchten, nur für kurze Zeit auszusteigen, um den Anschluss an die Wissenschaft nicht zu verlieren. Dies ist auch der großen Bedeutung eines stringenten Lebenslaufs geschuldet: „Wer mit 40 nichts gerissen hat, dann macht man es nicht. Man steigt nicht fünf Jahre aus dem Gebiet aus oder nicht einmal zwei Jahre" (P1).

Tabelle 5: Probleme bei der Vereinbarkeit von Beruf und Familie

Faktoren, die die Vereinbarkeit von Beruf und Familie erschweren	ExpertIn
Reisetätigkeit erschwert	P3, P6, P8, P10
Laborarbeit	P1, P9
Erhöhte Arbeitsbelastung aufgrund von kurzfristiger Projektarbeit	P3
Mehrbelastung durch Gremienarbeit	P5
Exkursionen/Feldforschung	P9
Mobilitätsfrage	P1

Bei den Bewertungen kann zwischen denjenigen unterschieden werden, die Teilzeit in Führungspositionen für unmöglich halten, und denjenigen, die es für kaum möglich halten, allerdings Ausnahmebeispiele anfügen, in denen es doch umsetzbar ist.

Vereinbarkeit von Wissenschaft und Familie wird selten explizit in Frage gestellt. Stattdessen werden Beispiele der Anpassung weiblicher an männliche Erwerbsverläufe durch Einnahme der Hauptverdienerrolle angeführt: „Oder ich habe jemanden in der Hinterhand. Es gibt ja auch, ich habe eine Jungprofessorin in X, die hat vier Kinder und der Mann betreut die Kinder. Also das ist dann der Unterschied, ich brauche immer den nötigen Rückhalt. Allein ist das nicht zu händeln" (P5). Bei diesem Zitat wechselt die interviewte Person vom Thema Teilzeit und Führungsposition zum Thema Vollzeit und Vereinbarkeit von Beruf und Familie. Es zeigt sich daran, dass Teilzeit sowie Vereinbarkeit automatisch mit Familie und Frauen, Führungspositionen dagegen automatisch mit Vollzeitstellen konnotiert werden. Zwar wurde von den InterviewpartnerInnen auch explizit darauf hingewiesen, dass die Vereinbarkeitsproblematik nicht geschlechterspezifisch sei: „Führungsposition in Teilzeit, das hat ja nichts zu tun mit dem Geschlecht. Das ist einfach per se schwierig" (P8). Dennoch erfolgte die Erstnennung der Thematik bei den InterviewpartnerInnen fast durchgängig frauenspezifisch oder es wurden Beispiele von weiblichen Führungspersonen mit Familien genannt (P1). Dieses Schema findet sich in mehreren Zitaten.

Sieben InterviewpartnerInnen, die Führung und Teilzeit als schlecht vereinbar einstufen, differenzieren teilweise zwischen den Positionen. So gab eine interviewte Person an, bei Arbeitsgruppenleitung sei Teilzeit eventuell möglich, bei Führungspositionen oberhalb dieser Position nicht (P10). Die ExpertInnen dieser Gruppe wiesen auch darauf hin, wie stark verankert die Konnotierung von Führung und Vollzeit ist. Die Unvereinbarkeit von Teilzeit und Führungsposition wird mit der Organisationsstruktur begründet (P8). Daran schließt sich eine funktionale Begründung an, die darauf hinweist, dass die Verantwortung einer wissenschaftlichen Abteilungsleitung nicht teilbar sei (P4).

Auch beim Thema Teilzeit und Führung zeigen sich Geschlechterunterschiede. So wies eine interviewte Person darauf hin, dass Männer bei geringer zeitlicher Verfügbarkeit mit noch größeren Problemen konfrontiert seien (P3). Die anderen InterviewpartnerInnen äußerten sich diesbezüglich nicht. Hier müsste überprüft werden, ob auch für den Bereich der außerhochschulischen Forschung gilt, dass die Anpassung von Männern an weibliche Lebens- und Erwerbsverläufe zusätzlich sanktioniert wird. Ein Beispiel dafür, dass die Ablehnung von Rollenstereotypen sanktioniert wird, stellt folgendes Zitat dar: „Es ist ja durchaus so, dass manche Leute gar nicht diese Führungsverantwortung übernehmen wollen. Das betrifft übrigens Männer wie Frauen auch. Also ich kann mich da an einen Fall erinnern, wo sich wirklich alle gewundert haben, warum sich da Herr Z nicht beworben hat" (P8).

Exkurs: Zeitliche Verfügbarkeit: Sprungbrett für die berufliche Weiterentwicklung?

Annett Hüttges

Die beschriebenen Schwierigkeiten bei der Ausbalancierung von arbeitsbezogenen und familiären Anforderungen sowie Hinweise auf die prinzipielle Unvereinbarkeit von wissenschaftlichen Führungspositionen mit dem Wunsch nach Teilzeitlösungen legen nahe, dass der zeitlichen Verfügbarkeit von Wissenschaftlerinnen und Wissenschaftlern eine Schlüsselrolle bei der beruflichen Entwicklung zukommt. Vor diesem Hintergrund werden erneut die Befragungsdaten einer deutschlandweiten Onlinestudie aus dem Jahr 2010 zur Karriereentwicklung von WissenschaftlerInnen herangezogen. Die Analyse der Daten erfolgt dabei unter folgenden Fragen: Wie wichtig ist zeitliche Verfügbarkeit – verglichen mit anderen fachlichen, methodischen und sozialen Kompetenzen –, um berufliche Karrierechancen in der Wissenschaft zu erhalten? Wird zeitliche Verfügbarkeit Männern und Frauen in unterschiedlichem Maße als Kompetenz zugeschrieben?

Wie vergleichsweise wichtig ist zeitliche Verfügbarkeit, um berufliche Karrierechancen in der Wissenschaft zu erhalten?

Es besteht breiter Konsens darüber, dass zwei wissenschaftliche Arbeitsergebnisse für JungwissenschaftlerInnen besonders wichtig für die eigene Karriere sind, nämlich die Chance zur Mitwirkung als AntragstellerIn bei Drittmittelanträgen und als (Co-)AutorIn bei Publikationen im *peer reviewed* Verfahren. Anhand dieser beiden Situationen soll untersucht werden, nach welchen Kriterien WissenschaftlerInnen die Chance erhalten, daran mitzuwirken und damit die eigene wissenschaftliche Karriere voranzutreiben. Dazu haben wir unseren TeilnehmerInnen der Onlinestudie eine Liste mit 13 verschiedenen Kompetenzen, z. B. theoretische, soziale usw., vorgelegt, mit der Bitte um Einschätzung, inwieweit diese Kompetenzen wichtige Gründe für die Auswahl von Personen zur Mitarbeit an einem Drittmittelantrag und beim Publizieren darstellen. Genau haben wir gefragt: „Bitte schätzen Sie ein, aufgrund welcher Kriterien wahrscheinlich entschieden wird, welche Person in Ihrer Abteilung an einem Drittmittelantrag bzw. an einer Publikation für ein *high impact journal* mitarbeiten wird. Welche der folgenden Gründe für die Auswahl repräsentieren am besten das übliche Vorgehen in Ihrer Abteilung?" Die Wichtigkeit jeder Kompetenz wurde von den TeilnehmerInnen auf einer siebenstufigen Skala von 1 = „völlig unwichtig" bis 7 = „überaus wichtig" bewertet. In der folgenden Abbildung kann nachvollzogen werden, welche drei Kompetenzen von den NaturwissenschaftlerInnen der Onlinestudie als am wichtigsten im Zusammenhang mit Drittmittelanträgen und Publikationen angesehen werden. Ihnen sind die jeweiligen Rangplätze 1 bis 3 zugeordnet. Dazu werden die Mittelwerte (MW) der vorgenommenen Wichtigkeitseinschätzungen einschließlich ihrer Streuungen (SD) in Klammern dargestellt. Die Rangplätze 12 und 13 repräsentieren hingegen die beiden Kompetenzen, denen die vergleichsweise geringste Relevanz zugesprochen wurde.

Es fällt auf, dass in beiden Situationen die zeitliche Verfügbarkeit den zweiten Rangplatz in der Liste, jeweils dicht hinter der theoretischen Kompetenz der Personen, einnimmt. Im Kontrast dazu wird übereinstimmend beiden hypothetischen Situationen der sozialen Kompetenz von Personen und ihrer Führungsfähigkeit mit dem jeweils vorletzten und letzten Rangplatz eine untergeordnete Rolle zugeschrieben.

Tabelle 6: Eingeschätzte Relevanz (Rangplatz) verschiedener Kompetenzen für den Erhalt karriereförderlicher Chancen ($559 \leq N \leq 566$). MW = Mittelwert, SD = Standardabweichung

Chance zur Mitarbeit an einem Drittmittelantrag ($560 \leq N \leq 566$)	Chance zur Co-Autorenschaft bei einer *peer reviewed* Publikation ($559 \leq N \leq 564$)
Top 3 der wichtigsten Kompetenzen	
1. Platz: theoretische Kompetenz MW = 5,42 (SD ± 1,29)	1. Platz: theoretische Kompetenz MW = 5,86 (SD ± 1,21)
2. Platz: zeitliche Verfügbarkeit MW = 5,36 (SD ± 1,47)	2. Platz: zeitliche Verfügbarkeit MW = 5,22 (SD ± 1,60)
3. Platz: Interesse MW = 5,25 (SD ± 1,48)	3. Platz: technische Kompetenz MW = 5,19 (SD ± 1,48)
vergleichsweise unwichtige Kompetenzen	
12. Platz: Führungsfähigkeit MW = 4,04 (SD ± 1,62)	12. Platz: soziale Kompetenz MW = 3,15 (SD ± 1,54)
13. Platz: soziale Kompetenz MW = 4,01 (SD ± 1,70)	13. Platz: Führungsfähigkeit MW = 2,76 (SD ± 1,50)

Inwieweit wird zeitliche Verfügbarkeit Männern und Frauen in unterschiedlichem Maße zugeschrieben?

Wenn der zeitlichen Verfügbarkeit einer Person eine zentrale Rolle bei der Zuweisung von beruflichen Chancen in Form von Möglichkeiten zur Mitwirkung bei Drittmittelanträgen und hochrangigen Publikationen zukommt, so könnten Geschlechterunterschiede in diesem Merkmal einen potenziellen Erklärungsansatz dafür bilden, warum mehr Männer als Frauen den Weg bis zu einer wissenschaftlichen Führungsposition bewältigen. Daher wird in einem zweiten Schritt anhand der Daten aus der Onlinestudie geprüft, wie in den Forschungsteams Männer und Frauen in der Arbeit wahrgenommen werden, das bedeutet, welchem Geschlecht welche Stärken in höherem Maße zugeschrieben werden.

Für die bereits genannte Auflistung mit 13 verschiedenen Kompetenzbereichen sollte eingeschätzt werden, inwieweit diese eher Männern, eher Frauen oder aber keinem der beiden Geschlechter vornehmlich zugschrieben werden. Eine verstärkte Kompetenzzuschreibung könnte mit einer häufigeren Zuweisung von beruflichen Entwicklungs- und damit Karrierechancen verknüpft sein.

Es wurde in der Auswertung zusätzlich dahingehend unterschieden, ob die einschätzende Person selbst männlich oder weiblich ist, um zu überprüfen, inwieweit sich möglicherweise gegenläufige Befunde finden lassen.

In der Abbildung sind die vier Kompetenzbereiche mit der größten Bedeutung für Drittmittelakquise und Publizieren sowie die beiden vergleichsweise unwichtigsten Kompetenzbereiche abgebildet. Negative Werte zeigen an, dass die entsprechende Kompetenz eher Männern als Frauen zugeschrieben wird. Dies ist bei drei von vier besonders relevanten Kompetenzdimensionen, darunter auch der zeitlichen Verfügbarkeit, der Fall. Das bedeutet auch, dass Männern eher als Frauen theoretische und technische Kompetenz im wissenschaftlichen Handeln zugesprochen wird. Lediglich das Interesse an der Einarbeitung in ein neues Forschungsgebiet wurde keinem der beiden Geschlechter verstärkt zugeordnet. Frauen wird hingegen stärker als Männern soziale Kompetenz zugeschrieben, wie die positiven Werteausprägungen verdeutlichen. Es muss jedoch in Frage gestellt werden, inwieweit dies für die Karriereentwicklung nutzbar gemacht werden kann, da diese Kompetenz bei der Verteilung von Karrierechancen im Wissenschaftskontext vergleichsweise bedeutungslos bleibt.

Exkurs: Zeitliche Verfügbarkeit

Abbildung 5: Geschlechtsbezogene Kompetenzzuschreibungen im Arbeitsteam getrennt nach Geschlecht (N= 621)

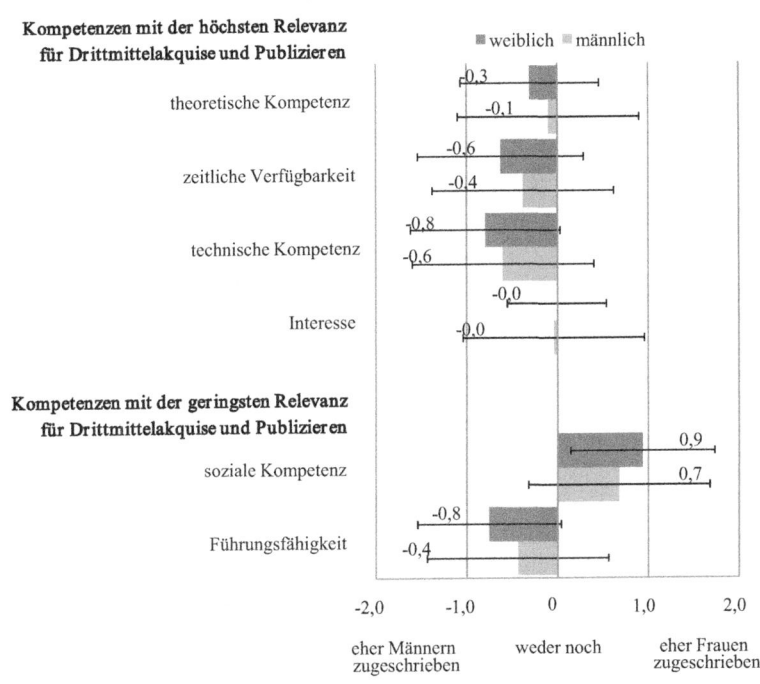

Weiterhin sind wir der Überlegung nachgegangen, inwieweit die geschlechtsbezogene Zuordnung von wissenschaftlich relevanten Kompetenzen ein Phänomen darstellt, das beispielsweise nur bei den weiblichen Teilnehmerinnen der Onlinestudie, jedoch nicht bei den männlichen auftritt oder umgekehrt. Aus diesem Grund wurde die Abbildung der Kompetenzzuschreibungen auch nach dem Geschlecht der befragten Personen differenziert. Dabei wird deutlich, dass die geschlechterbezogene Zuordnung von Kompetenzen sowohl von den weiblichen als auch von den männlichen NaturwissenschaftlerInnen vorgenommen wird. Mit Blick auf die zeitliche Verfügbarkeit lässt sich beispielsweise ablesen, dass **sowohl** Frauen **als auch** Männer der Ansicht sind, dass diese Kompetenz eher den männlichen Wissenschaftlern im Forschungsteam zugeschrieben wird. Die Ergebnisse machen in der Gesamtschau deutlich, dass berufliche Karrierechancen im Wissenschaftskontext offensichtlich auch davon abhängen, wie zeitlich verfügbar eine Person ist. Chancendienliche Kompetenzen, zu denen neben der theoretischen und technischen Kompetenz auch die zeitliche Verfügbarkeit von WissenschaftlerInnen gehört, werden sowohl von Männern als auch Frauen eher **männlichen Wissenschaftlern** zugeschrieben. Daran schließt sich die Vermutung an, dass dieser Geschlechterbonus bei den wissenschaftlich relevanten Kompetenzen von männlichen Wissenschaftlern in ein Mehr an karriereförderlichen Chancen umgewandelt werden kann.

3.3.2 Maßnahmen zur Verbesserung der Work-Life-Balance

Es zeigte sich, dass die Forschungsgesellschaften eine hohe zeitliche Verfügbarkeit als äußerst wichtig einschätzen. Gleichzeitig betrachten sie die daraus resultierende schlechte Vereinbarkeit von Beruf und Familie als Haupthinderungsgrund für weibliche Karrieren. Welche Maßnahmen ergreifen die Forschungsgesellschaften, um hier einen Ausgleich zu schaffen?

Übergreifend zeigte sich, dass die Gesellschaften dem Thema Maßnahmen zur Vereinbarkeit eine hohe Bedeutung zumessen. Dabei werden vier Hauptgründe für die Einführung von Maßnahmen zur Vereinbarkeit genannt, wobei vor allem die Gründe Wettbewerbsfähigkeit und Imagefaktor häufig angeführt werden. Um renommierte WissenschaftlerInnen, auch aus dem Ausland, zu gewinnen, sei man in der Pflicht, die Vereinbarkeit von Beruf und Familie zu verbessern.

Gerade in Hinblick auf aufwändige Maßnahmen wie die Zertifizierung ‚Total E-Quality' sowie das Audit ‚Beruf und Familie' wird deutlich, wie wichtig das Thema Vereinbarkeit auch für die Außendarstellung ist. Hier kann ein regelrechtes *policy learning* im Sinne einer Diffundierung von Best Practices unter den Forschungsgesellschaften festgestellt werden: Da die Forschungsgesellschaften dezentral organisiert sind, ist die Zertifizierung mit einem höheren Aufwand verbunden als bei den Universitäten. Als eine Gesellschaft sich erstmals mit all den ihr zugehörigen Instituten zertifizierte, war dies eine Signalwirkung für die übrigen Gesellschaften. Inzwischen besteht eine breite Landschaft an teil- oder komplett auditierten Gesellschaften, zwei Gesellschaften gaben aber auch an, auf eine Komplettauditierung verzichtet zu haben, da sie dies als bloße Imagemaßnahme betrachten (P3).

Organisationsstrukturen

Tabelle 7: Bedeutung von Maßnahmen zur Vereinbarkeit

Gründe für Maßnahmen zur Vereinbarkeit	ExpertIn	Beispiele
Imagefaktor/ Wettbewerbs-fähigkeit	P3, P12, P14	„Für uns war es einfach wichtig geworden, dass wir nach außen hin vermitteln, wir sind eine familienfreundliche Einrichtung, um entsprechend die Leute auch anzuwerben, weil die Leute, die aus dem Ausland kommen, das zumindest aus Australien, England oder aus den USA gewöhnt sind, dass solche Sachen für sie mitorganisiert werden und sie da unterstützt werden. [...] Deswegen waren wir in der Pflicht, um weiter gute Leute zu gewinnen, auch solche Maßnahmen erstens zu ergreifen und zweitens auch nach außen zu kommunizieren" (P12).
MitarbeiterInnen-bindung	P1, P12	„Die kommen dann wieder und machen ihre Arbeit weiter und es gibt nicht so eine Abbrecherzahl [...] wie es früher oft war, wo es diese Möglichkeit nicht gab [...], dass man die eben in der Einrichtung hält und dass die gern hier arbeiten und dass sie auch bleiben" (P12).
Funktionales Argument	P5	„Wenn ich Eltern habe, die bei mir arbeiten, muss ich auch einplanen, dass auch ein Kind mal krank wird" (P5).
Druck durch MitarbeiterInnen	P3	„Das war ein starkes Interesse einfach im Institut. Sagen wir mal engagierte KollegInnen, die das in die Wege geleitet haben" (P3).

Zur Vereinbarkeit von Beruf und Familie haben die Dachgesellschaften bzw. Geschäftsstellen verschiedene Maßnahmen entwickelt, darunter am häufigsten flexible Arbeitszeiten und Telearbeit. Diese werden meist von den Instituten individuell geregelt.

Finanziert werden die Maßnahmen in den meisten Fällen von den Instituten, da die Dachgesellschaften bzw. Geschäftsstellen dafür keine Finanzierung bereitstellen dürfen. Von drei InterviewpartnerInnen wurde aber darauf hingewiesen, dass Telearbeit und flexible Arbeitszeiten bei spezifischen Tätigkeiten, etwa Führungspositionen (P3) oder Laborarbeit (P1, P9), oft schwer eingerichtet werden können. Es liege dann am Team, die unterschiedlichen Arbeitspotenziale zu vereinen (P9). Es wurde in den Interviews auch darauf hingewiesen, dass aufgrund geringer zeitlicher Verfügbarkeit einiger MitarbeiterInnen Arbeitskonflikte entstehen. So berichtete eine interviewte Person, eine längere Elternzeit werde von KollegInnen sanktioniert. Auch werde Elternzeit meist von kinderlosen KollegInnen aufgefangen (P6). Eine interviewte Person kritisierte, dass Frauen bei Verfügbarkeit von Wiedereinstiegsstellen in solche abgedrängt würden, während, wenn diese nicht vorhanden wären, sie eher eine reguläre Stelle bekämen: „Diese Einstiegsstellen, die nutzt man dann natürlich, aber schlussendlich kommen die Frauen dann damit schlechter weg" (P6).

Tabelle 8: Maßnahmen zur Vereinbarkeit

Maßnahmen	ExpertIn
Telearbeit	P1, P3, P7, P9, P10, P12, P14
Flexible Arbeitszeiten	P1, P3, P9, P10, P12, P14,
Eltern-Kind-Büro; Kinderspielzimmer	P3, P4, P8, P9
Institutseigene Kinderbetreuung	P1, P10, P14
Kinderbetreuung in Kooperation mit lokalen Trägern	P3, P12
Kinderhotels, Betreuung von Kindern bei Dienstreisen	P1

Zusammenfassend ist festzustellen, dass die Dachgesellschaften bzw. Geschäftsstellen das Thema Vereinbarkeit von Beruf und Familie als wichtig erachten. Sie haben dazu mehrere Maßnahmen entwickelt und sind zum Teil auch bereit, teure und zeitintensive Zertifizierungen, wie das Audit ‚Beruf und Familie', einzuführen. Gleichzeitig ist, wie im Vorausgegangenen dargelegt wurde, die Bereitschaft in Bezug auf Teilzeit in Führungsposition sehr gering. Es zeigt sich also, dass die Gesellschaften ambivalente Präferenzen in Bezug auf zeitliche Verfügbarkeit von MitarbeiterInnen aufweisen und im Widerstreit zwischen Fordern und Fördern stehen.

3.3.3 Riskante Karrieren

Unsere Untersuchung zeigt, dass die Strukturen von außerhochschulischen Forschungseinrichtungen nur eine geringe Planbarkeit von Karrieren zulassen. Es konnte festgestellt werden, dass in den Forschungsgesellschaften ein hoher Grad an Personenzentrismus vorherrscht. Das bedeutet aber im Umkehrschluss, dass Institute, Abteilungen und MitarbeiterInnen sehr stark vom Werdegang des Führungspersonals abhängig sind.

Auch durch den Trend zu befristeten Stellen werden Wissenschaftskarrieren immer riskanter. Die ExpertInnen äußerten sich ambivalent zum Thema Befristung. Zwar nimmt eine interviewte Person den Wissenstransfer durch häufige Rotation des Personals als Vorteil wahr. Dieser Vorteil wird aber in Relation zur Investition in die Ausbildung des Personals gesetzt (P1). Auch die längerfristige Planung wird sowohl für die Forschungsgesellschaften als auch für die MitarbeiterInnen durch die Stellenbefristung erschwert. So berichteten zwei ExpertInnen, dass gerade in der produktivsten Phase zwischen 30 und 40 viele WissenschaftlerInnen aussteigen, da sie in dieser Phase mehr Planbarkeit und Sicherheit benötigen (P1, P3). Von einer weiteren Person wurde problematisiert, dass WissenschaftlerInnen in der Industrie das Zwei- bis Dreifache verdienen und es somit für die Einrichtungen schwierig ist, mit Zweijahresverträgen hochqualifiziertes Personal zu bekommen (P8). Auch für Rückkehrer aus dem Ausland, die andere Modelle gesehen haben, ist eine Rückkehr nicht immer erstrebenswert: „Ich habe mir in Amerika Anrechte erworben und dann will ich zurück nach Deutschland und fange ganz von vorne an und muss dann nach der Befristung dann sehen, wo ich bleibe. Das ist natürlich ein Problem" (P14).

Zusammenfassend kann festgestellt werden, dass die Dachgesellschaften den Flexibilitäts- und Mobilitätsanforderungen ein hohes Gewicht beimessen, und dies bei geringer Karrieresicherheit und Planbarkeit.

3.3.4 Evaluation als Umweltdeterminante für die Karriereentwicklung

Bei der Darstellung der Rekrutierungsmechanismen wurde bereits gezeigt, dass in den außerhochschulischen Forschungseinrichtungen der Sicherung der wissenschaftlichen Exzellenz eine hohe Relevanz beigemessen wird. Diese Exzellenz wird über verschiedene Verfahren der Evaluation gesichert, wodurch der Leistungsdruck, unter dem die außerhochschulischen Forschungseinrichtungen und damit auch ihre MitarbeiterInnen stehen, erhöht wurde (Franke et al. 2006; Heinze & Arnold 2008; Hornbostel et al. 2008). Welche Bedeutung kommt Evaluationen zu und wie wird der gesamte Prozess auf die einzelnen MitarbeiterInnen übertragen? Inwiefern wird durch Evaluationen nicht nur die Exzellenz der Forschung, sondern auch die Exzellenz des Arbeitsumfelds (Ressourcen, Nachwuchsförderung, Work-Life-Balance) gesichert?

Es gibt viele verschiedene Möglichkeiten der Evaluation. Um die Planung eines Programmes oder einer Maßnahme zu verbessern, besteht die Möglichkeit der ex-ante Evaluation (Stockmann 2004), bei der der Zustand vor einer Maßnahme und somit die Ausgangssituation untersucht wird, um zum Beispiel im Vorhinein geplante Größen, die erreicht werden sollen, festzulegen. Ex-post Evaluationen untersuchen dagegen die Wirksamkeit und Nachhaltigkeit von Prozessen aus einer nachträglichen Sicht heraus (Stockmann 2004). In allen Forschungsgesellschaften werden ex-post Evaluationen durchgeführt, d. h., es werden nachträglich die Forschungsleistung, die Arbeitsatmosphäre, die Verwendung der Mittel etc. evaluiert. Zusätzlich verwendet eine Forschungseinrichtung ex-ante Evaluationen, um die Qualität anvisierter Forschungsprogramme zu untersuchen. Eine andere Gesellschaft verwendet ex-ante Evaluationen, um die Qualität des Führungspersonals vorab zu prüfen, was dem Prozedere eines universitären Berufungsprozesses am nächsten kommt.

In der vorliegenden Untersuchung zeigt sich, dass in allen Gesellschaften durch Evaluationen bestimmte Regeln und Normen in Bezug auf gegenwärtige und zukünftige wissenschaftliche Leistung und wünschenswertes Verhalten zwischen Gesellschaft, Einrichtung und MitarbeiterInnen kommuniziert werden. Fünf InterviewpartnerInnen gaben an, dass die Evaluation auch direkt mit der Finanzierung der Forschung in Beziehung gebracht wird (P2, P4, P8, P13, P15). Es ist also davon auszugehen, dass die Evaluation direkten Einfluss auf die Umgebung der WissenschaftlerInnen ausübt.

In allen Einrichtungen stellte sich die Evaluation als mehrstufiges Verfahren mit einem großen Aufwand dar. Die Forschungseinrichtung sowie deren Arbeitsgruppen präsentieren sich und es gibt Gesprächsrunden mit der Leitung und mit MitarbeiterInnen. Drei InterviewpartnerInnen gaben an, dass für die Evaluation internationale GutachterInnen von hohem Renommee bestellt werden (P1, P13, P15).

Im Folgenden werden nun die Kriterien der Evaluation betrachtet, deren Bedeutung in einem begleitenden Fragebogen untersucht wurde. Die Werte stellen den Mittelwert aus zwölf vollständig beantworteten Fragebögen dar.

Abbildung 6: Kriterien der Evaluation

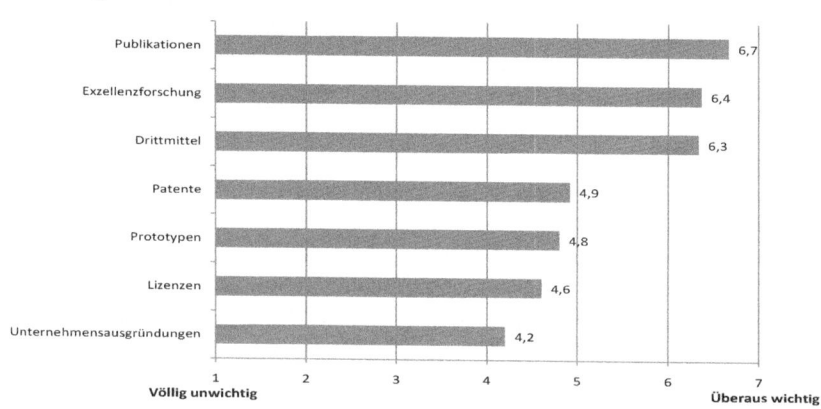

Im Begleitfragebogen wurden Publikationen, Exzellenzforschung und Drittmittel als wichtigste Kriterien der Evaluation genannt. Eher anwendungsorientierte Faktoren wie Patente sind dagegen weniger relevant. Sie scheinen bei der Messung wissenschaftlicher Exzellenz eine nachgeordnete Rolle zu spielen. In einem Interview wurde das Kriterium „Publikationen mit hohem Impactfaktor" als wichtiges Kriterium genannt (P4), d. h., es wird bei der Evaluation der Institute nicht nur auf die Menge an Publikationen geachtet, sondern auch auf die Platzierung der Publikationen. Teilweise verfügen die Einrichtungen über formale oder informelle Zielvereinbarungen mit den WissenschaftlerInnen, bspw. dass mindestens drei Publikationen pro Jahr in hochrangigen Zeitschriften erstellt werden müssen. Drei ExpertInnen äußerten aber, dass auch auf die Art der Forschung Rücksicht genommen werden müsse (P4, P8, P11): „Es ist ganz natürlich, dass, wenn man ein empirisches Arbeitsvorhaben macht, dann kann man nicht im ersten Jahr Publikationen haben" (P4).

Eine interviewte Person gab an, dass durch die Evaluation auch übergreifend die Funktionsweise des Instituts evaluiert werde (P15). In zwei Interviews wurde diese Funktionsweise stark auf die Strategiefähigkeit der Institutsleitung zurückgeführt (P13, P15). Durch die Evaluation wird gemessen, ob die Führungspersonen in der Lage sind, „neue wissenschaftliche Ergebnisse zu erzeugen" (P15). Eine Person äußerte als Kriterium für die Evaluation der Leitung auch deren Vernetzungsfähigkeit, etwa mit anderen Instituten, der Wirtschaft oder Universitäten (P15).

Wie wirkt sich nun die Evaluation auf Gesellschaft, Institut und MitarbeiterInnen aus? Alle InterviewpartnerInnen gaben an, dass die Evaluierungsergebnisse die Finanz- und Förderentscheidungen des Bundes beeinflussen können. Doch wie wird dieser Druck, der durch die Koppelung von Finanzierung an Evaluation auf die Gesellschaften ausgeübt wird, von diesen an die unteren Organisationsebenen weitergegeben? Bei der Durchführung einer Evaluation stellen die einzelnen Einrichtungen zunächst den Hauptgegenstand der Evaluation und den Hauptempfänger des daraus resultierenden Feedbacks dar. Die Gewichtung der Evaluation verläuft dabei unterschiedlich. Sie kann von Empfehlungen an die Institute über Auswirkungen auf die Finanzierung von Instituten oder Abteilungen bis hin zur Schließung von Instituten oder Abteilungen reichen. Die Evaluation wurde von den InterviewpartnerInnen durchaus als Druck beschrieben, der auf den Instituten lastet (P1, P4, P13, P15). Dieser Druck wurde von zwei InterviewpartnerInnen aber sehr positiv konnotiert (P13, P15). Es gebe aber auch Institute, denen der Aufwand zu hoch sei (P13). Bezieht man dies auf die Kriterien Chancengleichheit und Nachwuchsförderung, die den Instituten zunächst keinen direkten Nutzen bringen (wissenschaftliche Exzellenz), so ist zu vermuten, dass gerade bei diesen Themen die Bereitwilligkeit der Einrichtungen, auch zu diesen Themen ein Qualitätsmanagement zu betreiben, gering ist.

Auch die Abteilungen sind von der Evaluation betroffen. Drei InterviewpartnerInnen gaben an, dass die Performanz der Abteilung über Jahre hinweg (Längsschnitt) gemessen wird (P8, P11, P15). Dies wird damit begründet, dass interne Vergleiche, d. h. der Vergleich von Abteilungen, nicht sinnvoll wären, da sich Abteilungen in ihrer Schwerpunktsetzung (eine betreibt mehr Dienstleistungen, die andere mehr Forschung) unterscheiden (P8). In einem anderen Fall wird der Vergleich von Abteilungen durchaus vorgenommen. So wurde angegeben, dass eine positive Evaluation eines gesamten Institutes bei schlechter Evaluation einer einzelnen Abteilung vorkommen könne. Dies könne zur Empfehlung führen, diese Abteilung aufzulösen. Die letzte Entscheidung liege beim Institut (P15). Eine interviewte Person legte dar, dass Evaluationen auch zu einer Umverteilung von Mitteln führen können. Wenn Geld zwischen Abteilungen verteilt werden müsse, dann setze sich die Leitungsebene zusammen und entscheide aufgrund schriftlich eingereichter Argumente, welche Abteilung zusätzliche Mittel erhält (P8). Es ist davon auszugehen, dass letztere Variante einen sehr hohen direkten Druck auf die MitarbeiterInnen ausübt, da sich hier die Performanz der Abteilung auf deren Überleben im Institut auswirkt.

Wie bereits dargestellt, steht vor allem die Abteilung/das Institut im Fokus der Evaluation. Teilweise sind aber auch die Leitungspositionen direkt Gegenstand der Evaluation. In einigen Fällen werden DirektorInnen leistungsabhängig bezahlt (P7, P13, P15,). Negative Evaluationen können dann zu einer Kürzung von bis zu 20 % führen (P13).

Auch der Performanz der Abteilungsleitung wurde hohe Bedeutung beigemessen. Diese wird allerdings wieder auf das Team zurückgespiegelt: „Es dreht sich zwar fast alles um den Abteilungsleiter oder -leiterin, aber natürlich ist die nur so stark, wie die Abteilung ist" (P13). Wie wirkt sich also der Druck, der durch die Evaluationen erzeugt wird, auf die MitarbeiterInnen aus?

Drei interviewte Personen wiesen explizit darauf hin, dass der Druck, der durch die Evaluationen auf die MitarbeiterInnen entsteht, sehr hoch sei (P4, P8, P13). Von einer interviewten Person wurden die Evaluationen auch als Chance dargestellt (P13). Der Kontakt mit internationalen GutachterInnen sei speziell für den wissenschaftlichen Nachwuchs motivierend. Evaluationen bestätigen hiermit den WissenschaftlerInnen, im Sinne des Konzepts des accumulative advantage (Cole & Cole 1973; Zuckermann et al. 1991), dass sie zu einer hochkarätigen Gesellschaft gehören (für die es sich lohnt, Opfer zu bringen). Jenseits dieser informellen Bestätigung werden die Leistungen einzelner MitarbeiterInnen durch die Evaluation nicht benannt. Hier entscheidet aber die Sichtbarkeit des Individuums, wie gut es ihm gelingt, auf sich aufmerksam zu machen, ob die Evaluation für das Fortkommen direkt förderlich ist. Wenn dem externen Evaluationsgremium jemand auffalle, so gab eine interviewte Person an, dann könne dies zu einer Förderung durch Vorgesetzte führen (P13). Dadurch wird der Zeitraum der Evaluation auch zu einem Feld des Wettbewerbs zwischen den MitarbeiterInnen.

3.3.5 Gender und Nachwuchsförderung als Kriterien der Evaluation

Evaluation ist nicht nur eine Möglichkeit, um den Erfolg von Forschung zu bewerten. Vielmehr können damit auch die Arbeitsatmosphäre und die Forschungsumgebung, d. h. die Bedingungen, unter denen Forschungsergebnisse produziert werden, untersucht werden. So haben Kriterien zur Überprüfung der Geschlechtergerechtigkeit zunehmend an Bedeutung gewonnen. Neben einer bloßen Erhebung des Anteils von Frauen in den Forschungsgesellschaften zählt hier verstärkt auch die Evaluation von Maßnahmen zur Vereinbarkeit von Beruf und Familie dazu. Zwei ExpertInnen stellten hier einen Wandel fest. Die Unterrepräsentanz von Frauen in Forschungseinrichtungen werde auch im Prozedere der Evaluation intensiver diskutiert als noch vor ein paar Jahren (P1, P15).

Auch die Qualität der Nachwuchsförderung wird zunehmend evaluiert (P13, P15). Es spielen zum einen Outputfaktoren hinein, wie etwa die Zahl betreuter Doktoranden und deren Noten. Zum anderen wird aber auch die Zufriedenheit des Nachwuchses mit den Arbeitsbedingungen gemessen: Wie hoch ist die Zufriedenheit mit der Betreuungssituation? Haben die MitarbeiterInnen das Gefühl, Entscheidungen beeinflussen zu können? Wird der wissenschaftliche Nachwuchs ausreichend auf Konferenzen geschickt, bestehen genug zeitliche Freiräume und Möglichkeiten zum Publizieren?

Die Evaluation der Situation des wissenschaftlichen Nachwuchses bedeutet, dass diesem als unabhängigem Faktor eine Bedeutung zugewiesen wird. Dadurch wird die MitarbeiterInnenzufriedenheit im Forschungsprozess aufgewertet, es kommt nicht nur auf die bloße Menge der Publikationen an, sondern auch auf die Atmosphäre, die zur Erstellung der Publikationen beiträgt. Eine interviewte Person schränkte dieses Kriterium jedoch ein – es sei der Leistungsbewertung des Führungspersonals nachgeordnet (P13). Institute müssten GutachterInnen aber Zugang zu den DoktorandInnen gewähren, sie können dies nicht verweigern. Eine andere Person äußerte sich ähnlich zum Kriterium ‚Chancengleichheit': „Es ist kein *knock out* Kriterium" (P1). Ein Problem sei auch die Anwendung der Kriterien: „Aber Sie müssen auch bei der Begutachtung jemanden haben, der danach fragt" (P1). Wichtig sei es hier, bereits bei der Zusammenstellung des GutachterInnengremiums auf die Sensibilität für die Frage der Chancengleichheit zu achten. Laut einer interviewten Person erhöhe sich die Sensibilität bei einer größeren Anzahl von Gutachterinnen (P1).

Ein Problem bei der Evaluation von Chancengleichheit stellt die Selbstständigkeit der Institute dar. Es liege in deren Hand, auf die Evaluationen zu reagieren oder nicht (P15). Die Evaluation nehme aber jedes Institut im Längsschnitt in den Blick und wenn eine Einrichtung im Bereich Chancengleichheit regelmäßig schlecht abschneide, erhöhe sich der Druck (P15).

Jenseits der direkten Auswirkungen der Evaluation im Bereich Chancengleichheit zeigt die Aufnahme des Kriteriums in den Evaluationskatalog aber noch weitere Wirkungen. Die Unterrepräsentanz von Frauen in Forschungseinrichtungen werde nun intensiver diskutiert als noch vor ein paar Jahren, wurde von einer interviewten Person berichtet (P15). Ähnliches sei auch bei der Nachwuchsförderung zu verzeichnen, das Thema sei mit der Zeit gewachsen und die Gesellschaft habe inzwischen eigene Leitlinien für die Betreuung von Doktorandinnen und Doktoranden erlassen (P15).

Zusammenfassend lässt sich konstatieren, dass durch die Aufnahme von Chancengleichheit und Nachwuchsförderung als Kriterien der Evaluation durchaus ein Bewusstseinswandel angestoßen wurde. Die Anwendung der Kriterien ist aber stark an die Person der GutachterInnen gebunden. Auch scheinen sowohl Chancengleichheit als auch Nachwuchsförderung im Vergleich zu Kriterien wie Publikationsqualität und -menge nachrangig.

Schlussbetrachtung und Ausblick

Zielstellung dieser Untersuchung war es, die Organisationsstrukturen der außerhochschulischen Forschungseinrichtungen entlang der Kategorie Geschlecht zu untersuchen, um Erklärungsmöglichkeiten für geschlechterdifferente Karriereverläufe zu identifizieren. Dabei wurden sowohl Rekrutierungs- und Beförderungsmechanismen als auch das Arbeitsumfeld von WissenschaftlerInnen untersucht. Die Analyse ergibt ein vielschichtiges Bild an Meinungen und vorherrschenden Praktiken. Auf der einen Seite zeigte sich, dass das Thema Chancengleichheit und Förderung von Vereinbarkeit von Beruf und Familie an Gewicht gewonnen hat. Die ExpertInnen reflektierten in den Interviews über die geringe Zahl an Wissenschaftlerinnen in ihren Einrichtungen, vor allem auf der Führungsebene, und betrachteten eine Erhöhung dieser Zahl als wünschenswert. Alle Gesellschaften wiesen gut durchdachte Konzepte im Bereich Chancengleichheit und Vereinbarkeit von Beruf und Familie auf, die von vielfältigen Instrumenten begleitet werden. Auch haben die Themen Chancengleichheit und Nachwuchsförderung Eingang in die Evaluationen gefunden, d. h., sie wurden in den Kriterienkatalog zur Messung der Qualität wissenschaftlicher Einrichtungen mitaufgenommen. Außerhochschulische Forschungsgesellschaften scheinen somit ein Arbeitsumfeld darzustellen, in dem die Chancengleichheit der Geschlechter durch internationale GutachterInnen und klare Standards gesichert wird und Möglichkeiten zur Work-Life-Balance bestehen. Betrachtet man jedoch die Anforderungen an WissenschaftlerInnen, die Mechanismen zur Rekrutierung und Beförderung sowie das Arbeitsumfeld, so ändert sich das Bild. Der hohe Grad an Informalität der Prozesse rückt ins Blickfeld. Das Bild der exzellenten WissenschaftlerInnen wird hier mit dem der sichtbaren WissenschaftlerInnen synonym gesetzt – oft zum Nachteil von Personen, die sich dem Anwesenheits- und Vernetzungskult nicht anschließen können oder wollen. Die starke Zentrierung auf Führungspersonen in den außerhochschulischen Forschungseinrichtungen erhöht die Bedeutung von Sichtbarkeit. Denn gelingt es den WissenschaftlerInnen nicht, in das Blickfeld dieser Personen zu gelangen, erhöht sich die Unsicherheit der befristeten Stelle. Formale Chancengleichheitsmechanismen sind im Bereich Rekrutierung zwar in allen Gesellschaften vorhanden, werden aber nicht vollständig ausgeschöpft.

Ein weiterer Befund ist die ambivalente Einstellung der Forschungseinrichtungen zur Vereinbarkeit von Beruf und Privatleben. Zwar haben sich die Einrichtungen, wie bereits dargestellt, dem Wandel der Gesellschaft angepasst, etwa durch Möglichkeiten zur Arbeit in Teilzeit oder Telearbeit. Dies gilt aber nicht für verantwortungsvollere Aufgaben, wie die einer Nachwuchsgruppen- oder Projektleitung. Hier herrscht nach wie vor das Bild des „disembodied workers" (Acker 1998) vor, der sich voll und ganz der Wissenschaft hingibt. Dass Teilzeit und Führung aber auch denkbar und umsetzbar sind, zeigt im Folgenden das Porträt einer Sozialwissenschaftlerin in Teilzeit.

Interessant beim Thema Work-Life ist auch die Gleichsetzung mit dem Thema Vereinbarkeit von Beruf und Familie. Die Vereinbarkeit anderer privater Bedürfnisse mit dem Berufsalltag scheint kein legitimes Anliegen darzustellen. Die Notwendigkeit der Vereinbarkeit wird dabei im Diskurs auf die Gruppe der Wissenschaftlerinnen reduziert. Diese Gleichsetzung zieht sich durch die Interviews. So werden Frauen automatisch eine geringere zeitliche Verfügbarkeit und ein größeres Interesse an Teilzeitpositionen unterstellt. Dieser Automatismus wiederum stellt eine Hürde für Wissenschaftlerinnen dar, aber auch für männliche Wissenschaftler, die vom „normalen" Werdegang abweichen.

Wie sich zeigte, stehen die Führungspositionen im Mittelpunkt: Sie sind es, die zwischen den Teammitgliedern koordinieren und vermitteln sollten. Die Betrachtung der Personalentwicklungsinstrumente zeigte aber, dass ihnen dafür nur sehr geringe Unterstützung entgegengebracht wird. Führungs- und Teamfähigkeit wird zwar vorausgesetzt, Instrumente wie Führungskräftefeedbacks wurden in den Interviews aber nicht genannt. Auch die zentralen Maßnahmen zur Unterstützung von Teams und Führungspersonen sind gering. Das Fordern und Fördern dieser Fähigkeiten bleibt den dezentralen Instituten überlassen. Wie die Strukturen des Arbeitsumfelds auf der Instituts- sowie Teamebene die Karriereentwicklung von Wissenschaftlerinnen beeinflussen, wird im Rahmen des Projektes in den nächsten Schritten untersucht werden.

Porträt einer Sozialwissenschaftlerin: Susanne Bührer

Bärbel Kerber

Sie mache eigentlich viel lieber Projektarbeit und habe sich nicht wirklich um die Stelle gerissen, erzählt die 45-Jährige. Die Tatsache, dass sie heute Geschäftsfeldleiterin der „Politik und Evaluation" ist, schreibt Susanne Bührer ganz bescheiden der Tatsache zu, dass ihr „Vorgesetzter nicht in einer reinen Männerrunde sitzen wollte und ich einfach immer da war" – was sich am Ende auszahlte, als eine Stelle neu zu besetzen war in einem Forschungsinstitut, das traditionell eine große Personal-Fluktuation aufweist.

Doch so einfach und zufällig war es natürlich nicht wirklich. Sondern verdient. Denn Leistung ist hier der Gradmesser. Auch wenn es am „Fraunhofer-Institut für System- und Innovationsforschung ISI" in Karlsruhe eine „Führungskräfteschulung für Frauen" sowie die mittlerweile üblichen unterstützenden Maßnahmen für Frauen gibt, so werden am Ende diejenigen gefördert, bei denen „die Zahlen stimmen", berichtet die Politikwissenschaftlerin. Das heißt: Ergebnisorientierung ist alles, egal ob Mann oder Frau. Das hat dann auch den Vorteil, dass kein besonderer Wert auf eine Präsenzpflicht gelegt wird, weshalb der Wunsch von Susanne Bührer, nach der Geburt ihres Sohnes auf Teilzeit umzustellen, auf offene Ohren stieß.

An zwei Tagen pro Woche macht sie sich gegen 6:00 Uhr in der Früh zu Hause in Heilbronn auf den Weg nach Karlsruhe. Um etwa 18:30 Uhr versucht sie, zurück bei ihrem mittlerweile siebenjährigen Sohn zu sein. Die verbleibende Zeit der vereinbarten 25-Stundenwoche verteilt sie auf drei Homeoffice-Tage. Das ist gelebte Vertrauensarbeitszeit. Dass diese Form der Vereinbarkeit nicht ohne Tücken ist, verheimlicht sie nicht: „Mit der ständigen Verfügbarkeit und Erreichbarkeit, die quasi vorausgesetzt wird, muss man erst lernen, umzugehen."

Seit 1996 ist die promovierte Politikwissenschaftlerin bereits im Karlsruher Fraunhofer-Institut tätig. In ihrer heutigen Stelle als Leiterin des Geschäftsfelds „Politik und Evaluation" bewertet sie die Zielerreichungsgrade und die Wirkung von Programmen der öffentlichen Hand – zum Beispiel ist sie häufig für diverse

Bundesministerien oder auch die EU-Kommission unterwegs. Mit dabei sind stets weitere Teammitglieder aus dem Geschäftsfeld bzw. der Abteilung Politik und Regionen, was sie besonders schätzt, da ihr der Austausch wichtig ist. „Die Zuständigkeit ist rein inhaltlicher Natur. Ich habe keine direkte Mitarbeiterverantwortung", stellt Susanne Bührer klar. „Das ist bei uns gelebter Teamgeist", schwärmt sie.

Nicht unproblematisch findet sie allerdings die Befristung der Verträge der Teammitglieder, denn „Auftragsarbeit ist Vertrauensarbeit", wie Bührer, die selbst eine unbefristete Stelle hat, es formuliert. „Ich bin ja auch deshalb so erfolgreich, weil ich schon so lange dabei bin." Doch an der Befristung von Arbeitsverträgen wird aus ideologischen Gründen festgehalten: Die Fraunhofer-Gesellschaft sieht sich als „Durchlauferhitzer" von WissenschaftlerInnen für die Wirtschaft und den öffentlichen Dienst; sie erhofft sich umgekehrt davon steten Zufluss neuer Ideen. Dass dies den Druck auf die MitarbeiterInnen erhöht, sich ständig etablieren zu müssen, wird in Kauf genommen.

Unbestritten wiegt die Befristung dann besonders schwer, wenn eine Frau ein Kind erwartet. „Ich selbst hatte das biografische Glück, dass ich alles schon etabliert hatte, als ich schwanger wurde. Ich war schon ‚entfristet' und hatte schon die Kontakte und ein Routinewissen", erinnert sie sich.

Auch am Fraunhofer-Institut sind Frauen in den oberen Etagen selten. Was Susanne Bührer beobachtet, ist, dass „Männer viel schneller informiert sind, was sie für ihren nächsten Karriereschritt tun müssen, und diese auch bereit sind, sich hierfür abzugrenzen". Frauen sind da häufig zu hilfsbereit und nehmen anderen Aufgaben ab. „Ich sage denen oft: ‚Ihr müsst auch schauen, wo ihr bleibt!' ", erzählt Susanne Bührer. Es herrsche einfach eine gewisse Gutmütigkeit unter den Frauen. Doch nicht selten fehle auch das Interesse an einer Abteilungsleiterposition. „Diese Stellen fordern viel Verwaltungstätigkeit. Da gibt es kaum noch Zeit für Forschung, und das ist für Frauen meist nicht attraktiv", erzählt sie. Dass eine höhere Hierarchieebene ihren Preis hat, musste sie selbst erfahren. Die Arbeit als Geschäftsfeldleiterin „ist sehr spannend, man hat viel mehr Spielräume, aber sie frisst auch unheimlich viel Zeit, die dann nicht mehr für eigentliche Inhalte zur Verfügung steht", bedauert sie.

Ob man sich nun bewusst oder unbewusst entscheidet, mehr im Hintergrund zu arbeiten und lieber anderen zuzuarbeiten – wichtig sei, so Bührer, dass die Arbeit der Frauen anerkannt werde. „Die Wertschätzung muss klar sein", fordert sie. Schließlich könnten Spitzenveröffentlichungen und Konferenzteilnahme der einen nur entstehen, weil die anderen „den Laden am Laufen halten". Und es ist für sie nicht zuletzt völlig legitim, wenn manchen neben dem Beruf noch andere Dinge im Leben wichtig seien. Meist eben wären es Frauen, die nicht alles für eine Karriere zu opfern bereit sind.

Auch sie selbst hat noch nicht entschieden, ob sie künftig einmal zur Vollzeitarbeit zurückkehrt, wenn ihr Kind alt genug ist. Weil sie so viele andere Interessen hat, denen sie gerne frönt und denen sie gerne mehr Zeit widmen möchte. Im Moment schätzt sie sich einfach glücklich mit dem, was sie tut, da ihr „die Offenheit für neue Themen und die Teams hier extrem gut gefallen".

Porträt einer Chemikerin: Maria Hörnke

Bärbel Kerber

Neugierig ist sie, und geradeheraus – das nennt man wohl ideale Voraussetzungen für ein Forscherinnendasein. Maria Hörnke steht noch ganz am Beginn ihrer Karriere. Für ihre Doktorarbeit untersucht sie am Max-Planck-Institut für Kolloid- und Grenzflächenforschung in Potsdam „Einflussfaktoren auf die Bildung von ß-Faltblättern an hydrophob-hydrophilen Grenzflächen". Wie es danach weitergeht, weiß die 27-Jährige noch nicht. Einer der vielen Aspekte, die es für sie abzuwägen gilt, ist jener der Überstunden und damit unweigerlich – auch wenn es noch keine Pläne gibt – der der Balance von Karriere und Familie. Denn, darüber ist sich Maria Hörnke sehr klar, „wer in der Wissenschaft bleiben möchte, der muss einiges an Zeit opfern können". Die Problematik der Vereinbarkeit von Karriere und Kind beschäftigt sie und ihre Kolleginnen deshalb bereits länger. Sie reden häufig darüber. „Ich kenne dieses Thema eigentlich schon seit Beginn des Studiums. Man diskutiert die Probleme: ‚Wann passt es, passt es nicht? Passt es überhaupt?'"

Eigentlich ist ihr Chemielehrer mit schuld daran, dass sie sich für diesen Weg entschieden hat. Er steckte Maria Hörnke mit seiner Leidenschaft für das Fach an, so dass bald feststand, was sie studieren wollte – obwohl es zu Beginn durchaus noch ein Schwanken zwischen Chemie und Physik gab. Schließlich ging sie an die Martin-Luther-Universität nach Halle. Seit 2008 ist sie Diplom-Chemikerin und Doktorandin am Max-Planck-Institut in Golm bei Potsdam.

Bald wird ihre Doktorarbeit abgeschlossen sein müssen. Es sind vollgepackte Tage. Wenn sie morgens ins Institut kommt, startet sie ihre Experimente. Während diese laufen, recherchiert sie, wertet die Experimente aus und bereitet Präsentationen vor. Lesen und Schreiben kann sie am besten am Abend und zu Hause, wo sie ihre Ruhe hat. Manchmal fährt sie mit Kolleginnen aus ihrer Arbeitsgruppe für eine Woche an das Deutsche Elektronen Synchrotron (DESY) in Hamburg. Sie sind zehn ForscherInnen in der Arbeitsgruppe, die Hälfte kommt aus dem Ausland, der

Frauenanteil überwiegt. Jeder arbeitet für sich an seiner eigenen Studie. Doch sie benutzen die gleichen Geräte und Methoden und tauschen sich darüber auch aus. Hat sie bereits eine Vorstellung davon, wie sie das später einmal machen will, wenn sie Kinder bzw. Familie hat? „Ich weiß schon, dass ich weiterarbeiten möchte", erklärt Maria Hörnke. So sehen das die meisten Wissenschaftlerinnen. Das Thema „Teilzeit" wird deshalb auch in der Forschung immer häufiger thematisiert. „Ich denke, die wird es in der Wissenschaft nicht geben. Weil man SpezialistIn ist und mit einer halben Stelle schnell überholt wird", lautet Maria Hörnkes Einschätzung. Teilzeit sei an Forschungsinstituten quasi nicht üblich, erklärt sie, weil, obwohl es natürlich Teilzeitstellen gäbe, die Forschungsarbeit dadurch doppelt so lange dauere und in der Zeit längst andere an einem mit den entscheidenden Ergebnissen vorbeiziehen könnten. Wie sie selbst einmal das Nebeneinander von Beruf und Familie handhaben wird, weiß sie nicht. Entscheidend ist, dass sie darin kein Problem sieht. Noch ist ohnehin alles offen. „Ich denke, dass ich keine Angst davor habe."

Hörnkes Schlüssel zum Erfolg ist Eigeninitiative. Man müsse sich nur trauen, zu fragen, rät sie. Dann gehe vieles. So wie sie es getan hat, als sie sich um ein Auslandssemester bewarb oder als sie ihren jetzigen Betreuer darauf ansprach, ob sie bei ihm am Max-Planck-Institut promovieren könne. Beides hat bei Maria Hörnke mühelos geklappt. Sie ging während des Studiums ein halbes Jahr nach Nordspanien – obwohl es ihr für das Studium inhaltlich keine Vorteile gebracht habe, persönlich aber umso mehr. Und sie blieb für ihr Doktorstudium nicht wie viele AbsolventInnen an der Universität, an der sie auch studiert hatte, sondern sie ging zum renommierten Max-Planck-Institut – weil sie danach fragte. Und so wird Maria Hörnke es sicher auch in Zukunft tun.

Interview mit Dr. Alexander Rudloff, Referent im Wissenschaftlichen Vorstandsbereich des Deutschen GeoForschungsZentrum (GFZ) in Potsdam

Im vorangegangenen Beitrag von Patricia Graf & Sylvia Schmid wurde aufgezeigt, dass die Rekrutierung aus Netzwerken von großer Bedeutung ist und dass die Sichtbarkeit der WissenschaftlerInnen einen großen Einfluss auf ihre weitere Karriere ausübt. Aus den Interviews geht auch hervor, dass für die Rekrutierung/ Beförderung messbare wissenschaftliche Leistung das vorrangige Kriterium darstellt, während Leistungen wie Teamfähigkeit/Institutsleistungen nachrangig sind. Zudem wird die außerhochschulische Forschungslandschaft im Bericht als sehr kompetitives Feld dargestellt, in dem ein hoher Leistungsdruck vorliegt. Es herrscht das Leitbild der WissenschaftlerInnen vor, die sich bereitwillig den Risiken befristeter Stellen aussetzen und auch in ihrer Freizeit beruflich verfügbar sind. Teilzeit und Führungsposition werden als unvereinbar betrachtet. Wie werden diese Befunde in den Forschungsinstituten wahrgenommen? Im Gespräch mit Dr. Bärbel Kerber beantwortete Dr. Alexander Rudloff, Referent im Wissenschaftlichen Vorstandsbereich des Deutschen GeoForschungsZentrum (GFZ) Potsdam, folgende Fragen:

Bärbel Kerber: Die Ergebnisse aus den Interviews zeigen, dass die Sichtbarkeit von WissenschaftlerInnen großen Einfluss auf die weitere Karriere hat. Wie sehen Sie das?

Alexander Rudloff: Das ist richtig, aber – wenn man sich die Medien anschaut – handelt es sich um kein ausschließliches Wissenschaftsproblem, sondern um ein Phänomen der Zeit. Wer ein gutes Standing hat, wer sich und seine Produkte gut verkauft, wer ein mediales Echo erzeugt, wird wahrgenommen im Gegensatz zu jemandem, der im stillen Kämmerlein sitzt und auch erfolgreich ist. Dass mediale Figuren im Vordergrund stehen, ist ganz klar. Das überrascht mich nicht. Das steht im Trend.

Bärbel Kerber: Inwiefern kann das zu einem Ausschluss von Frauen führen?

Alexander Rudloff: Männer neigen eher zu einer recht offensiven Präsenz, Frauen sind da realistischer, ehrlicher. Das führt dazu, dass es einer erhöhten Sensibilität bedarf, da oft die Ergebnisse, die von Männern verkauft werden, von mancher exzellenten Wissenschaftlerin in der 2. oder 3. Reihe erzielt wurden – die, wenn sie Pech hat, nicht einmal in der zugehörigen Publikation benannt wird.

Bärbel Kerber: Was könnte man dagegen tun?

Alexander Rudloff: Man müsste immer wieder darauf hinweisen und drängen, doch genau hinzuschauen, wer diejenigen sind, die hier die Arbeit machen bzw. gemacht haben. So gibt es zum Beispiel ganz klare Regeln, was gutes wissenschaftliches Publizieren angeht. Es stellt letztendlich eine gesellschaftliche Aufgabe dar – auch z. B. eine der Journalisten –, stets zu hinterfragen: „Wer hat zu dem Ergebnis denn wirklich beigetragen? Wer gehört alles zum Team?"

Bärbel Kerber: Wie steht es mit der Vereinbarkeit von Berufs- und Privatleben? Was könnten die Forschungsgesellschaften tun, um hierbei Frauen besser zu fördern bzw. zu unterstützen?

Alexander Rudloff: Wir haben beispielsweise auf dem Telegrafenberg eine eigene Kindertagesstätte für unsere Mitarbeiter. Das spielt schon eine große Rolle, weil dadurch eine Familienverträglichkeit gegeben ist. Wir befinden uns bei der Helmholtz-Gemeinschaft und bei unserem Institut aber auch erst auf halber Strecke. Da besteht noch Optimierungsbedarf. Doch das hängt auch mit den unmittelbaren Anforderungen der Wissenschaft in unserem Bereich zusammen, in dem mehrtägige bis mehrwöchige Geländeaufenthalte, das heißt Exkursionen, Feldexperimente auf anderen Kontinenten, dazugehören, bei denen Sie bereits zwei Tage Anreise einrechnen müssen.

Dann auch, mit zunehmendem Aufstieg in mittlere und höhere Positionen, kommt immer noch ein bestimmtes Maß an Präsentismus hinzu. Und darin sehe ich eines der größten Probleme. Denn eigentlich ist in unserer heutigen Zeit ein solcher Präsentismus nicht notwendig und es ist nicht nachvollziehbar, warum in Zeiten von WLAN, E-Mail, Twitter usw. die persönliche Anwesenheit über allem stehen soll. Entscheidend ist doch – ich zitiere einen Altbundeskanzler –, „was hinten rauskommt" und dass Ergebnisse zeitgerecht geliefert werden.

Bärbel Kerber: Es gibt nur ein bestimmtes Zeitfenster, in dem eine Frau eine Familie gründen kann. Dieses Zeitfenster fällt nicht selten zusammen mit dem Ende des Postdoc-Vertrages. Welche Bedeutung haben befristete Verträge für Wissenschaftlerinnen?

Alexander Rudloff: Wer auf eine erfolgreiche Postdoc-Zeit noch einen draufsetzen kann, Mitte 30, der schafft es dann meist auch durchzuhalten und den Vorstoß in die Führungspositionen zu realisieren – aber das geht vielfach eben auch zulasten einer Familiengründung mit Kindern.

Bärbel Kerber: Das heißt, eine Wissenschaftlerin muss sich am Ende ihrer Postdoc-Phase entscheiden – Familie oder Karriere?

Alexander Rudloff: Nehmen wir als Beispiel ein Projekt, das auf drei Jahre terminiert ist. Wer hier Einstellungsgespräche führt, überlegt, ob er dafür eine frisch verheiratete Wissenschaftlerin nimmt, weil dies ein „Projektrisiko" darstellen könnte. Das klingt brutal, ist aber durchaus immer wieder Realität.

Bärbel Kerber: Haben Sie eine Idee, wie man das Dilemma lösen oder abmildern könnte? Was könnten die Forschungsgesellschaften tun?

Alexander Rudloff: Die Befristung der Verträge sehe ich nicht weichen. Im Gegenteil, ich erkenne da sogar eine gewisse Verschärfung, weil man verstärkt durch Drittmittel Personal an Bord holt. Eine Lösung könnte sein, dass man den Teamgedanken höher hängt. Also, dass man sagen kann: „Ich habe ein Team, das steht hinter mir." Das heißt dann, wenn einer ausfällt oder krank wird, dann kümmern sich die anderen darum. Dann liegt es nicht in der Verantwortung und der Verpflichtung einer Einzelperson. Ich glaube, das ist die einzige Möglichkeit, wie man den Druck herausnehmen kann.

Bärbel Kerber: Sind wir davon noch sehr weit entfernt?

Alexander Rudloff: Wir sind davon schon noch etwas entfernt. Auch weil das dem Leistungsverständnis unserer Gesellschaft widerspricht, weil die Erfolgsbiografien immer Einzelbiografien sind.

Bärbel Kerber: Verträgt sich Teilzeit mit Forschung? Was müsste geschehen, damit auch im Wissenschaftsbereich Führungspositionen in Teilzeit möglich sind?

Alexander Rudloff: Meiner persönlichen Erfahrung nach gehen Leitungsfunktion und Teilzeit schwer zusammen. Ich bin aber der Meinung, dass es theoretisch eigentlich gehen müsste. Doch stoßen wir hier wieder an das klassische Präsentismusproblem. Sitzungen werden auch gerne mal an den Tagesrand gelegt, wo man/frau eigentlich Zeit für die Familie haben sollte. Als Leitplanken gibt es Kernarbeitszeiten, und die gelten meines Erachtens für alle. Es geht hier auch um eine Vorbildfunktion.

Bärbel Kerber: Was ist Ihrer Ansicht nach das Erfolgsrezept von erfolgreichen Wissenschaftlerinnen? Was machen diese anders? Was würden Sie raten?

Alexander Rudloff: Wirklich erfolgreiche Wissenschaftlerinnen, die ich beobachtet habe, sind Teamplayer, sie sind also eher selten oder gar nicht als Einzelpersonen zu Gange. Frauen sind da offensichtlich vernünftiger, geschickter.

Ich kann Frauen nur ermuntern, sich weiterhin an vorderster Front einzubringen, ihr Licht nicht unter den Scheffel zu stellen, ganz klar ihre Ziele zu verfolgen, sich gut zu vernetzen und sich entsprechend in Gremien einzubringen. Ich bin selbst in vielen Gremien tätig und wir schauen ganz gezielt, wen möchten wir gern mit 'ranholen. Ich würde Frauen empfehlen, zu Tagungen und Kongressen zu gehen, denn der persönliche Kontakt ist unersetzlich. Das ist wie eine große Messe, auf der man sich präsentiert. Man sollte sich gezielt heraussuchen, wo man teilnehmen will, und sich diese Tagung wie ein Familienfest im Terminkalender verorten.

Bärbel Kerber: Herr Rudloff, wir danken Ihnen für das Gespräch!

Zur Person:
Dr. Alexander Rudloff, 47, ist Referent im Wissenschaftlichen Vorstandsbereich des Deutschen GeoForschungsZentrum (GFZ) in Potsdam. Der promovierte Geophysiker ist verheiratet und hat vier Kinder.
Als Vertreter der Landesvereinigung außeruniversitärer Forschung Brandenburg LAUF e.V. ist er Mitglied im Beirat des Projekts „Frauen und ihre Karriereentwicklung in naturwissenschaftlichen Forschungsteams".

Wie geht es weiter

Kirsti Dautzenberg / Doris Fay / Patricia Graf

Frauen in der Forschung wissen, worauf es ankommt: nicht auf Chancen warten, sondern sie einfordern, sich nicht verstecken, sondern die eigenen Ergebnisse selbstbewusst präsentieren, das Rad nicht neu erfinden, sondern sich MentorInnen suchen. Die Porträts der WissenschaftlerInnen zeigten, dass gerade in den männerdominierten Naturwissenschaften große Begeisterung für das Fach, Ausdauer und eine selbstbewusste Unabhängigkeit benötigt werden. Die Forschungsgesellschaften versuchen ihrerseits mit einer ganzen Palette an Maßnahmen – Telearbeit, Mentoring, Kinderhotel – geschlechtergerechte Rahmenbedingungen für Wissenschaftlerinnen zu schaffen. Aber warum steigen dennoch nach wie vor so viele qualifizierte Wissenschaftlerinnen nach einer ersten Postdoc-Phase aus der Wissenschaft aus – selbstgewählt, hinausgedrängt oder aus Mangel an Möglichkeiten? Ist es wirklich so, dass Köpfe zählen und nicht Körper, wie eine interviewte Person überzeugt ist? Weshalb findet gerade in den Naturwissenschaften mit ihrem positivistischen Wissenschaftsverständnis eine vertikale Segregation statt? Mit anderen Worten: Wieso sind in einem System, in dem leicht messbare Leistungen den karrieredeterminierenden Faktor schlechthin darstellen sollten, die Spitzenpositionen nach wie vor männlich besetzt?

In unseren auf qualitativen und quantitativen Forschungsmethoden beruhenden Untersuchungen haben wir begonnen, ein breites Spektrum an Theorien aus Soziologie, Politologie und Psychologie anzuwenden, um die geschlechterdifferenten Karriereentwicklungen zu analysieren und zu verstehen. Diese Theorien wurden bislang vorwiegend in anderen Kontexten (z. B. Privatwirtschaft) eingesetzt. Die Ergebnisse weisen darauf hin, dass diese Theorien auch im Kontext der Wissenschaft mit geringen Einschränkungen gültig sind. Mit Hilfe der Erklärungsansätze zur vergeschlechtlichten Organisation konnte dargelegt werden, dass in den außerhochschulischen Forschungsgesellschaften sehr subtile Mechanismen des Ausschlusses am Werk sind. Es scheint, dass gerade der Exzellenzdruck, unter dem die außerhochschulischen Forschungseinrichtungen heute mehr denn je stehen, zu einem Leitbild von Wissenschaft führt, das mit dem Leitbild der Chancengleichheit nur schwer vereinbar ist. Zwar haben Auditierungsverfahren zur Familienfreundlichkeit und Kennzahlen zur Frauenförderung auch in den außerhochschulischen Instituten Einzug gehalten, wenn es aber um die Sicherung wissenschaftlicher Exzellenz geht, sind sie plötzlich nachrangig. Konservative Geschlechterbilder existieren fröhlich weiter. Frauen werden nach wie vor automatisch mit Vereinbarkeitsproblematiken konnotiert, aus denen nicht nur ein vermuteter Mehraufwand für das Team abgeleitet wird, sondern ebenso eine Abwertung von Frauen. Dies legen auch die Porträts nahe, die berichten, dass Frauen oft nicht für Führungspositionen vorgesehen werden, da man ihr baldiges Aussteigen befürchtet bzw. ihnen verantwortungsvolle Aufgaben nicht zutraut. Unsere Analysen weisen darauf hin, dass die Institute und Gesellschaften zwar Maßnahmen zur Gleichstellung aufgelegt haben, deren Umsetzung aber nach wie vor Aufgabe der Gruppen- bzw. AbteilungsleiterInnen ist. Werfen wir also nochmals einen Blick zurück auf die Analyse der Personalstrukturen in den Fächern. Hier entdecken wir, dass die Naturwissenschaften genau in diesen Positionen den geringsten Frauenanteil aufweisen. Die wichtigen *gate keeper*, die Schlüsselpersonen, die Möglichkeiten zur Teilzeitarbeit durchsetzen und Entfristungen erreichen könnten, sind also nach wie vor vorwiegend männlich. Schlechte Chancen für die Frauen?

Allerdings ist die Zukunft nicht nur grau. Die Interviews und der Kommentar von Bärbel Kerber zeigen, dass sich auch die Bedürfnisse der männlichen Wissenschaftler zunehmend wandeln. Sie könnten die Debatte um Chancengleichheit und eine Abschaffung der Präsenzkultur ins Rollen bringen, zumal ein Interview zeigte, dass geringe zeitliche Verfügbarkeit bei Männern noch stärker zum Ausschluss aus der Wissenschaft führt. Darüber hinaus ist zu hoffen, dass die Quotendebatte, die sich derzeit durch die deutschen Unternehmen zieht, auch in der Wissenschaft einen Widerhall finden wird.

Der nötige Wandel, der Wissenschaft zu einem lebenswerten und Kreativität anregenden Arbeitsumfeld für *alle* machen wird, erfordert einen langen Atem von den Beteiligten. Dabei sollten wir nicht aus dem Blick verlieren, dass neben Änderungen in den Rahmenbedingungen, Regeln und Policies die Forschungsbeteiligten *selbst* durch individuelle Aushandlungsprozesse auf den unteren Ebenen der Forschungseinrichtungen, in den Abteilungen und den Teams etwas bewegen können. Solange die subtilen Ausschlussmechanismen wirksam bleiben, sind der Wille und Mut zur kritischen Selbstreflexion von EntscheidungsträgerInnen und allen anderen AkteurInnen ein entscheidender Schritt in die richtige Richtung. Wir hoffen, dass wir mit dem Aufzeigen der benachteiligenden Prozesse Sensibilität bei *allen* Beteiligten erwecken können und Mut zum Handeln machen.

Literaturverzeichnis

Achatz, Juliane & Hinz, Thomas (2001). Wandel einer Wissenschaftsorganisation und die Integration von Frauen. *Zeitschrift für Soziologie, 30*(5), S. 323-340.

Acker, Joan (1990). Hierarchies, Jobs, Bodies: A Theory of Gendered Organizations. *Gender & Society, 4*(2), S. 139-158.

Acker, Joan (1998). The Future of 'Gender and Organizations': Connections and Boundaries. *Gender, Work and Organization, 5*(4), S. 195-206.

Allmendinger, Jutta (2003). Strukturmerkmale universitärer Personalselektion und deren Folgen für die Beschäftigung von Frauen. In: Theresa Wobbe (Hrsg.) *Zwischen Vorderbühne und Hinterbühne. Beiträge zum Wandel der Geschlechterbeziehungen in der Wissenschaft vom 17. Jahrhundert bis zur Gegenwart. Interdisziplinäre Arbeitsgruppen. Forschungsberichte.* Bielefeld, transcript Verlag, S. 259-277.

Amann, Melanie & von Petersdorff, Winand (2010). Die Frauenfalle. In: *Frankfurter Allgemeine Zeitung* vom 12.09.2010. Online verfügbar unter http://www.faz.net/artikel/S30350/faz-net-spezial-die-frauenfalle-30003300.html [Zugegriffen am 21.06.2011].

Andresen, Sünne; Oppen, Maria & Simon, Dagmar (1999). *Karrieren und Barrieren im Wissenschaftsbetrieb. Geschlechterdifferenz als Ergebnis von Aushandlungsprozessen in Organisationen.* Wissenschaftszentrum für Sozialforschung, Berlin. Online verfügbar unter http://bibliothek.wzb.eu/pdf/1999/p99-601.pdf [Zugegriffen am 17.06.2011].

Bogner, Alexander & Menz, Wolfgang (2002). Das theoriegenerierende Experteninterview. Erkenntnisinteresse, Wissensformen, Interaktion. In: Alexander Bogner, Beate Littig & Wolfgang Menz (Hrsg.) *Das Experteninterview. Theorie, Methode, Anwendung.* Opladen, Leske + Budrich, S. 33-70.

Böhme, Andreas (2011). Hüttinger startet flexibles Arbeitszeitmodell. In: *Badische Zeitung* vom 18.05.2011. Online verfügbar unter http://www.badische-zeitung.de/wirtschaft-3/huettinger-startet-flexibles-arbeitszeitmodell--45450623.html [Zugegriffen am 22.06.2011].

Cole, Jonathan R. & Cole, Stephens (1973). *Social Stratification in Science,* Chicago, University of Chicago Press.

Destatis (2010). *Gender Pay Gap: Zwei Drittel lassen sich strukturell erklären.* Pressemitteilung Nr. 384 vom 25.10.2010. Statistisches Bundesamt, Wiesbaden. Online verfügbar unter http://www.destatis.de/jetspeed/portal/cms/Sites/destatis/Internet/DE/Presse/pm/2010/10/PD10384621,templateId=renderPrint.psml [Zugegriffen am 17.06.2011].

Enders, Jürgen (2008). Professor werden ist sehr schwer, Professor sein dann gar nicht mehr? Ein Beitrag zur Personalstrukturreform an den Hochschulen. In: Dagmar Simon (Hrsg.) *Wissenschaft unter Beobachtung. Effekte und Defekte von Evaluationen.* Wiesbaden, VS Verlag für Sozialwissenschaften, S. 83-99.

Europäische Kommission (2009). *She Figures 2009. Statistics and Indicators on Gender Equality in Science.* Luxemburg. Online verfügbar unter: http://ec.europa.eu/research/science-society/document_library/pdf_06/she_figures_2009_en.pdf [Zugegriffen am 30.05.2011].

Europäische Kommission (2008). *Benchmarking Policy Measures for Gender Equality in Science*. Luxemburg. Online verfügbar unter: http://ec.europa.eu/research/science-society/document_library/pdf_06/benchmarking-policy-measures_en.pdf [Zugegriffen am 30.05.2011].

Franke, Karola; Wald, Andreas & Bartl, Katinka (2006). *Die Wirkung von Reformen im Deutschen Forschungssystem*, Speyer, Deutsches Forschungsinstitut für öffentliche Verwaltung.

Franks, Suzanne (1999). *Having None of It: Women, Men and the Future of Work*, London, Granta.

Frey, Bruno S. (2008). Evaluitis - eine neue Krankheit. In: Dagmar Simon (Hrsg.) *Wissenschaft unter Beobachtung. Effekte und Defekte von Evaluationen*. Wiesbaden, VS Verlag für Sozialwissenschaften, S. 126-140.

Gemeinsame Wissenschaftskonferenz (2010). *Chancengleichheit in Wissenschaft und Forschung. Vierzehnte Fortschreibung des Datenmaterials (2008/2009) zu Frauen in Hochschulen und außerhochschulischen Forschungseinrichtungen*. Bonn. Online verfügbar unter http://www.gwk-bonn.de/fileadmin/Papers/GWK-Heft-16-Chancengleichheit.pdf [Zugegriffen am 30.05.2011].

Gülker, Silke & Böhmer, Susan (2010). Nachwuchspolitik. In: Dagmar Simon; Andreas Knie & Stefan Hornbostel (Hrsg.) *Handbuch Wissenschaftspolitik*. Wiesbaden, VS Verlag für Sozialwissenschaften, S. 176-192.

Heim, Manuela (2010). Enormes Lebensrisiko. In: *taz* vom 17.11.2010. Online verfügbar unter http://www.taz.de/1/leben/alltag/artikel/1/enormes-lebensrisiko/ [Zugegriffen am 21.06.2011]

Heilman, Madeline E. (2001). Description and prescription: How gender stereotypes prevent women's ascent up the organizational ladder. *Journal of Social Issues, 57*(4), S.657-674.

Heilman, Madeline E. & Haynes, Michelle C. (2005). No credit where credit is due: Attributional Rationalization of women's success in male-female teams. *Journal of Applied Psychology, 90*(5), S. 905-916.

Heinze, Thomas (2002). Evaluation von Forschungsleistungen. Konzeptionelle Überlegungen und Situationsbeschreibung für Deutschland. *Wissenschaftsmanagement, 6*, S. 14-22.

Heinze, Thomas & Arnold, Nathalie (2008). Governanceregimes im Wandel. Eine Analyse des außeruniversitären, staatlich finanzierten Forschungssektors in Deutschland. *Kölner Zeitschrift für Soziologie und Sozialpsychologie, 60*(4), S.686-722.

Hoff, Ernst-H.; Grote, Stefanie; Dettmer, Susanne; Hohner, Hans-Uwe & Olos, Luiza (2005). Work-Life-Balance: Berufliche und private Lebensgestaltung von Frauen und Männern in hoch qualifizierten Berufen. *Zeitschrift für Arbeits- und Organisationspsychologie, 49*(4), S. 196-207.

Holst, Elke (2011). Verringerung des Gender Pay Gap: Fast wurde vergessen daran zu arbeiten. In: Deutsches Institut für Wirtschaftsforschung e.V. (Hrsg.) *Wochenbericht Nr. 12/2011*. Online verfügbar unter http://www.diw.de/sixcms/media.php/73/11-12-3.pdf [Zugegriffen am 17.06.2011].

Holst, Elke & Schimeta, Julia (2011). 29 von 906: Weiterhin kaum Frauen in Top-Gremien großer Unternehmen. In: Deutsches Institut für Wirtschaftsforschung e.V. (Hrsg.) *Wochenbericht des DIW Berlin Nr. 3/2011*. Online verfügbar unter http://www.google.de/url?sa=t&source=web&cd=1&sqi=2&ved=0CBkQFjAA&url=http%3A%2F%2Fwww.diw.de%2Fdocuments%2Fpublikationen%2F73%2Fdiw_01.c.366825.de%2F11-3-1.pdf&rct=j&q=29%20von%20906&ei=WQP7TYCAPImGwafu-XaAw&usg=AFQjCNHqR8VTPEdDdbLn6vQCIc2MElMv3Q&cad=rja [Zugegriffen am 17.06.2011].

Hohn, Hans-Willy & Schimank, Uwe (1990). *Konflikte und Gleichgewichte im Forschungssystem. Akteurskonstellationen und Entwicklungspfade in der staatlich finanzierten außeruniversitären Forschung*, Frankfurt/ New York, Campus Verlag.

Literaturverzeichnis

Hornbostel, Stefan (2008). Neue Evaluationsregime? Von der Inquisition zur Evaluation. In: Dagmar Simon (Hrsg.) *Wissenschaft unter Beobachtung. Effekte und Defekte von Evaluationen.* Wiesbaden, VS Verlag für Sozialwissenschaften, S. 59-82.

Hornbostel, Stefan (2010). (Forschungs-)Evaluation. In: Dagmar Simon; Andreas Knie & Stefan Hornbostel (Hrsg.) *Handbuch Wissenschaftspolitik.* Wiesbaden, VS Verlag für Sozialwissenschaften, S. 293-309.

Hornbostel, Stefan; Simon, Dagmar & Heise, Saskia (2008). *Exzellente Wissenschaft. Das Problem, der Diskurs, das Programm und die Folgen,* iFQ-Working Paper No. 4.

Horx, Matthias (2011). Warum die Frauenquote kommt. In: *Berliner Zeitung* vom 20.03.2011. Online verfügbar unter http://www.berlinonline.de/berliner-zeitung/archiv/.bin/dump.fcgi/2011/0121/meinung/0031/index.html [Zugegriffen am 21.06.2011].

Kanter, Rosabeth M. (1977). Some effects of proportions on group life: Skewed sex ratios and responses to token women. *American Journal of Sociology, 82*(5), S. 965-990.

Kerber, Bärbel (2011). Typisch Mädchen? Typisch Jungs? *Psychologie Heute, 6*, S. 26-30.

Klecha, Stephan & Reimer, Melanie (2008). Wissenschaft als besonderer Arbeitsmarkt. Grundtypologien des Umgangs mit unsicherer Beschäftigung beim wissenschaftlichen Personal. In: Stephan Klecha & Wolfgang Krumbein (Hrsg.) *Die Beschäftigungssituation von wissenschaftlichem Nachwuchs.* Wiesbaden, VS Verlag für Sozialwissenschaften, S. 13-87.

Knie, Andreas & Simon, Dagmar (2009). Verlorenes Vertrauen? Auf der Suche nach neuen Governance-Formen in einer veränderten Wissenschaftslandschaft. In: Sebastian Botzem (Hrsg.) *Governance als Prozess. Koordinationsformen im Wandel.* Baden-Baden, Nomos, S. 527-545.

König, Johannes; Wagner, Christine & Valtin, Renate (2011). *Jugend – Schule – Zukunft. Psychosoziale Bedingungen der Persönlichkeitsentwicklung – Ergebnisse der Längsschnittstudie AIDA,* Münster, Waxmann.

Kreisky, Eva (1995). Der Stoff, aus dem die Staaten sind. Zur männerbündischen Fundierung politischer Ordnung. In: Regina Becker-Schmidt & Gudrun-Axeli Knapp (Hrsg.) *Das Geschlechterverhältnis als Gegenstand der Sozialwissenschaften.* Frankfurt/ New York, Campus Verlag, S. 85-124.

Kreisky, Eva (2006). Staat als Männerbund. In: Ingrid Kurz-Scherf, Imke Dzewas, Anja Lieb & Marie Reusch (Hrsg.) *Reader Feministische Politikwissenschaft. Positionen, Anregungen, Perspektiven aus Geschichte und Gegenwart.* Königstein/Taunus, Helmer Verlag, S. 186-189.

Kuhlmann, Stefan (2009). Evaluation von Forschungs- und Innovationspolitik in Deutschland – Stand und Perspektiven. In: Thomas Widmer, Wolfgang Beywl & Carlo Fabian (Hrsg.) *Evaluation. Ein systematisches Handbuch.* Wiesbaden, VS Verlag für Sozialwissenschaften, S. 283-294.

Lengwiler, Martin (2010). Kontinuitäten und Umbrüche in der deutschen Wissenschaftspolitik des 20. Jahrhunderts. In: Dagmar Simon; Andreas Knie & Stefan Hornbostel (Hrsg.) *Handbuch Wissenschaftspolitik.* Wiesbaden, VS Verlag für Sozialwissenschaften, S. 13-25.

Lind, Inken (2007). Ursachen der Unterrepräsentanz von Wissenschaftlerinnen - Individuelle Entscheidungen oder strukturelle Barrieren?. In: Wissenschaftsrat (Hrsg.) *Exzellenz in Wissenschaft und Forschung - Neue Wege in der Gleichstellungspolitik.* Dokumentation der Tagung am 28./29. November 2006 in Köln, Köln, Wissenschaftsrat, S. 59-86.

Lipinsky, Anke & Tölle, Silke (2009). Appointment-related Career Promotion at the European Level: The European Project ‚Encouragement to Advance - Training Seminars for Women Scientists'. In: Anke Lipinsky (Hrsg.) *Encouragement to Advance - Supporting Women in European Science Careers.* Bielefeld, Kleine Verlag, S. 47-57. (Cews Beiträge Frauen in Wissenschaft und Forschung No. 5)

Loewenstein, Karl (1982): *Kooptation und Zuwahl. Über die autonome Bildung privilegierter Gruppen*, Frankfurt a.m., Metzner.
Luhmann, Niklas (1993). *Soziales System, Gesellschaft, Organisation*, Opladen, Leske + Budrich.
Matthies, Hildegard & Simon, Dagmar (2004). Wissenschaft im Wandel – Chancen für ein neues Leitbild der Gleichstellungspolitik? In: Maria Oppen & Dagmar Simon (2004) *Verharrender Wandel: Institutionen und Geschlechterverhältnisse*. Berlin, Edition Sigma, S. 281-309.
Matthies, Hildegard & Zimmermann, Karin (2010). Gleichstellung in der Wissenschaft. In: Dagmar Simon; Andreas Knie & Stefan Hornbostel (Hrsg.) *Handbuch Wissenschaftspolitik*. Wiesbaden, VS Verlag für Sozialwissenschaften, S. 193-209.
Mayring, Philipp (2003). *Qualitative Inhaltsanalyse*, 8. Aufl., Weinheim/Basel, Beltz Verlag.
Metz-Göckel Sigrid (2007). Wirksamkeit und Perspektiven von gleichstellungspolitischen Maßnahmen in der Wissenschaft. In: Wissenschaftsrat (Hrsg.) *Exzellenz in Wissenschaft und Forschung - Neue Wege in der Gleichstellungspolitik*. Dokumentation der Tagung am 28./29. November 2006 in Köln, Köln, Wissenschaftsrat, S. 111-146.
Metz-Göckel, Sigrid; Selent, Petra & Schürmann, Ramona (2010). Integration und Selektion. Dem Dropout von Wissenschaftlerinnen auf der Spur. In: Bayerisches Staatsinstitut für Hochschulforschung und Hochschulplanung (Hrsg.) *Beiträge zur Hochschulforschung 1/2010*. Online verfügbar unter: http://www.google.de/url?sa=t&source=web&cd=3&sqi=2&ved=0CCQQFjAC&url=http%3A%2F%2Fwww.ihf.bayern.de%2F%3Fdownload%3D2010_1_gesamt.pdf&rct=j&q=beitr%C3%A4ge%20zur%20hochschulforschung%202010&ei=kAH7TbnADIae-QakyN3dAw&usg=AFQjCNHEr514vR2WjwwUqDT8HJsXGNeTeA&cad=rja. [Zugegriffen am 17.06.2011].
Mika, Bascha (2011). *Die Feigheit der Frauen*, München, Bertelsmann.
Mittelstraß, J. (1989). *Der Flug der Eule. Von der Vernunft der Wissenschaft und der Aufgabe der Philosophie*, Frankfurt a.M., Suhrkamp.
Ng, Thomas W. H.; Eby, Lillian T.; Sorensen, Kelly L. & Feldman, Daniel C. (2005). Predictors of objective and subjective career success: A meta-analysis. *Personnel Psychology, 58*(2), S. 367-408.
Oberzaucher, Gertraud, Holzinger Florian & Schiffbänker, Helene (2009). *FEMtech Gender Booklet. Außeruniversitäre Forschung 2008*. FEMtech Kompetenzzentrum. Online verfügbar unter http://www.femtech.at/fileadmin/downloads/Wissen/FEMtech_Publikationen/GenderBooklet_2008_lay2_090729.pdf [Zugegriffen am 30.05.2011].
Oppen, Maria & Simon, Dagmar (2004). *Verharrender Wandel: Institutionen und Geschlechterverhältnisse*, Berlin, Edition Sigma.
Papouschek, Ulrike (2006). Work-Life-Balance in außeruniversitären Forschungsunternehmen: Grenzen und Möglichkeiten. In: Maria Buchmayr & Julia Neissl (Hrsg.) *Work-Life-Balance & Wissenschaft - ein Widerspruch?* Wien/ Berlin, LIT Verlag, S. 67-82.
Preuß, Susanne (2011). Trumpf schneidert Arbeitszeiten nach Maß. In: *Frankfurter Allgemeine Zeitung* vom 19.05.2011. Online verfügbar unter http://www.faz.net/artikel/C30125/innovatives-modell-trumpf-schneidert-arbeitszeiten-nach-mass-30337565.html [Zugegriffen am 22.06.2011].
Röbbecke, Martina (2008). Evaluation als neue Form der „Disziplinierung" - ein nicht intendierter Effekt?. In: Dagmar Simon (Hrsg.) *Wissenschaft unter Beobachtung. Effekte und Defekte von Evaluationen*. Wiesbaden, VS Verlag für Sozialwissenschaften, S. 162-177.
Roth, Philip L.; Purvis, Kristen L. & Bobko, Philip (in Druck). A meta-analysis of gender group differences for measures of job performance in field studies. *Journal of Management*. Online verfügbar unter http://jom.sagepub.com/content/early/2010/06/22/0149206310374774.full.pdf [Zugegriffen am 17.06.2011].

Literaturverzeichnis

Schimank, Uwe (2007). *Theorien gesellschaftlicher Differenzierung*, 3. Aufl., Wiesbaden, VS Verlag für Sozialwissenschaften.

Sørensen, Aage B. (1990). Wissenschaftliche Werdegänge und akademische Arbeitsmärkte. In: Peter Hans Hofschneider & Karl Ulrich Mayer (Hrsg.) *Generationsdynamik und Innovation in der Grundlagenforschung*. München, Max-Planck-Gesellschaft, S. 75-101.

Stockmann, Reinhard (2004). *Was ist eine gute Evaluation? Einführung zu Funktionen und Methoden von Evaluationsverfahren*. CEval-Arbeitspapiere Nr. 9, Saarbrücken.

von Stebut, Nina (2003). *Eine Frage der Zeit? Zur Integration von Frauen in die Wissenschaft. Eine empirische Untersuchung der Max-Planck-Gesellschaft*, Opladen, Leske + Budrich.

Turner, Ralph. J. (1960). Sponsored and contest mobility and the school system. *American Sociological Review, 25*, S. 855-867.

Valtin, Renate (2010). „...weil ich im Stehen pinkeln kann". In: *Der Tagesspiegel* vom 02.11.2010, Online verfügbar unter http://www.tagesspiegel.de/wissen/-weil-ich-im-stehen-pinkeln-kann/1971882.html [Zugegriffen am 21.06.2011].

Watts, Jacqueline H. (2009). 'Allowed into a man's world'. Meanings of work–life balance: Perspectives of women civil engineers as 'minority' workers in construction. *Gender, Work and Organization, 16*(1), S. 37-57.

Weber, Max (1919). *Wissenschaft als Beruf*, München, Duncker & Humblot.

Wiese, Bettina S. & Freund, Alexandra M. (2005). Goal progress makes one happy, or does it? Longitudinal Findings from the Work Domain. *Journal of Occupational and Organizational Psychology, 78*(2), S. 287-304.

Wroblewski, Angela & Leitner, Andrea (2004). *Benchmarking Chancengleichheit: Österreich im EU-Vergleich*. Institut für Höhere Studien Wien, Reihe Soziologie 67, Wien. Online verfügbar unter http://nbn-resolving.de/urn:nbn:de:0168-ssoar-220619 [Zugegriffen am 30.05.2011].

Zuckerman, Harriet; Cole, Jonathan R. & Bruer, John T. (1992). *The Outer Circle: Women in the Scientific Community*, New Haven, Yale University Press.

Abkürzungsverzeichnis

BMBF	Bundesministerium für Bildung und Forschung
C1, C2, C3, C4	Besoldungsgruppen der wissenschaftlichen Beamten an Hochschulen, sie wurden durch die Besoldungsordnung W abgelöst.
CEWS	Center of Excellence Women in Science
E12, E13, E14, E15	Besoldungsgruppen der wissenschaftlichen MitarbeiterInnen
ESF	Europäischer Sozialfonds
FhG	Fraunhofer Gesellschaft
GFZ	Deutsches GeoForschungsZentrum
GWK	Gemeinsame Wissenschaftskonferenz
HGF	Helmholtz-Gemeinschaft Deutscher Forschungszentren
MINT	Mathematik, Informatik, Naturwissenschaft und Technik
MPG	Max-Planck-Gesellschaft
LAUF e.V.	Landesvereinigung außeruniversitärer Forschung in Brandenburg
Postdoc	Post-DoktorandIn
TVöD	Tarifvertrag für den öffentlichen Dienst
W1, W2, W3	Besoldungsgruppen der ProfessorInnen. Sie wurden 2002 durch das Professorenbesoldungsreformgesetz eingeführt und lösten die C-Besoldungsgruppen ab.
WGL	Wissensgemeinschaft Gottfried Wilhelm Leibniz

Die Autorinnen

Nadja Büttner, B.A., schloss 2009 ihr Studium in Europäischem Management an der Technischen Fachhochschule Wildau ab. Sie studiert seitdem an der Universität Potsdam BWL (M.Sc.) mit den Schwerpunkten Innovationsmanagement, Marketing sowie Organisation und absolvierte 2011 eine Zusatzausbildung zum Design Thinking an der HPI School of Design Thinking. Seit 2010 arbeitet sie als wissenschaftliche Hilfskraft am Lehrstuhl für Innovationsmanagement und Entrepreneurship der Universität Potsdam. Ihr Interesse gilt Innovationsprozessen, Organisationstrukturen und Diversity Management.
Email: nadja.buettner@uni-potsdam.de

Dr. Kirsti Dautzenberg promovierte im Jahr 2005 in der landwirtschaftlichen Unternehmensführung an der Martin-Luther-Universität Halle-Wittenberg und war zwischen 2005 - 2007 wissenschaftliche Mitarbeiterin am Leibniz-Institut für Agrarentwicklung in Mittel- und Osteuropa (IAMO). In 2007 wechselte sie als Habilitandin an den Lehrstuhl für Entrepreneurship und Innovationsmanagement an die Universität Potsdam. Seit Mai 2011 arbeitet sie als Senior Consultant bei der Ramboll Management Consulting GmbH. Ihre Forschungsschwerpunkte liegen im Innovations- und Gründungsmanagement, konkret beschäftigt sie sich mit Wachstum, Erfolg und Finanzierung von technologieorientierten Gründungen sowie der Betrachtung dieser unter Genderaspekten.
Email: KISD@r-m.com

Prof. Dr. Doris Fay, Diplom-Psychologin, promovierte 1998 an der Universiteit van Amsterdam und lehrte danach an der Aston University, UK, als Senior Lecturer. Seit 2007 ist sie Inhaberin des Lehrstuhls für Arbeits- und Organisationspsychologie an der Universität Potsdam. Sie beforscht die Bedeutung von Proaktivität, Eigeninitiative und Innovativität von Mitarbeitern, Teams, und Organisationen. Neben Fragen des beruflichen Erfolgs von Frauen und Männern beschäftigt sie sich auch mit dem Themenfeld von Arbeit und Gesundheit.
Email: doris.fay@uni-potsdam.de

Dr. Patricia Graf promovierte im Jahr 2010 am Institut für Politikwissenschaft der Universität Tübingen, wo sie zwischen 2005 und 2009 als wissenschaftliche Mitarbeiterin tätig war. Seit 2009 arbeitet sie als wissenschaftliche Mitarbeiterin am Lehrstuhl für Innovationsmanagement und Entrepreneurship der Universität Potsdam. Dort leitet sie das Projekt „Frauen und ihre Karriereentwicklung in naturwissenschaftlichen Forschungsteams". Schwerpunktmäßig beschäftigt sie sich mit der vergleichenden Analyse von Innovationspolitik und -systemen sowie Geschlechterstudien und Innovation. Sie promovierte im Jahr 2010.

Email: patricia.graf@uni-potsdam.de

Dr. Annett Hüttges, Dipl.-Psychologin, war von 2005 bis 2009 als wissenschaftliche Mitarbeiterin im Fachbereich Arbeits- und Organisationspsychologie der Technischen Universität Dresden tätig. Seit 2009 arbeitet sie als wissenschaftliche Mitarbeiterin an der Professur für Arbeits- und Organisationspsychologie der Universität Potsdam. Sie promovierte im Jahr 2010 zu Gesundheits- und Innovationsressourcen bei flexibilisierter Wissensarbeit. Ihre Forschungsinteressen sind: proaktives und innovatives Arbeitshandeln, organisationale Demokratie, Karriereentwicklung und Karriereerfolg, Gender Egalitarismus.

Email: annett.huettges@uni-potsdam.de

Dr. Bärbel Kerber studierte an der Universität Hohenheim bis 1989 Wirtschaftswissenschaften und war nach Ihrer Promotion zur Dr.oec zunächst in verschiedenen Wirtschaftsverbänden tätig. Seit 1995 arbeitet sie als freie Journalistin, vorrangig zu Themen wie Frauenpolitik, Gleichstellung, Vereinbarkeit von Beruf und Familie, weibliche Rollenbilder sowie Work-Life-Balance. Daneben veröffentlichte die in Berlin ansässige vierfache Mutter zwei Bücher: „Die Babyfalle. Weibliche Lebensentwürfe" (Metropolitan Verlag) und „Die Arbeitsfalle - und wie man sein Leben zurückgewinnt" (Metropolitan Verlag und Walhalla-Verlag) und gründete mit MissTilly.de ein Frauen-Onlinemagazin, das sich bewusst abseits von geschlechterstereotypischen Schönheits- und Beziehungstipps angesiedelt hat. Weitere Informationen und Leseproben unter www.baerbel-kerber.de; www.MissTilly.de.

Email: info@bkerber.de

Die Autorinnen

Sylvia Schmid ist seit 2008 wissenschaftliche Mitarbeiterin am Lehrstuhl für Innovationsmanagement und Entrepreneurship an der Universität Potsdam. Sie promoviert zu Erfolgsfaktoren von naturwissenschaftlichen Forschungsteams in außerhochschulischen Forschungseinrichtungen. Nach ihrem Diplom 2007 in Soziologie mit den Schwerpunkten Arbeits- und Organisationspsychologie und BWL an der Freien Universität Berlin war sie in der forschungsgestützten Beratung in der qualitativen Marktforschung tätig. Ihre Forschungsinteressen sind: Prozesse in F&E- und Gründerteams, Kommunikation, Organisation und qualitative Methoden.

Email: sylvia.schmid@uni-potsdam.de

Der Klassiker zur Transsexualität in Neuauflage

> Zur Geschlechtsveränderung von Transsexuellen

Der Inhalt:
Die leiblich-affektive Konstruktion des Geschlechts - Die Derealisierung des Ausgangsgeschlechts - „Ich"-bezogene Realisierungseffekte und die Realisierung des neuen Geschlechts - Eine Analyse der Ausbreitung des neuen Geschlechts am Beispiel sprachlicher Phänomene: Der Name - sie - er - Differenzen der transsexuellen Geschlechter - Das paradoxe Geschlecht

Was bestimmt das Geschlecht? Die Gene? Das Gehirn? Die soziale Interaktion? Ist Geschlecht natürlich oder gibt es eine zweigeschlechtliche soziale Ordnung, die beständig in sozialen Interaktionen reproduziert werden muss?

Gesa Lindemann
Das paradoxe Geschlecht
Transsexualität im Spannungsfeld von Körper, Leib und Gefühl
2. Aufl. 2011. 308 S. Br.
EUR 29,95
ISBN 978-3-531-17442-6

Erhältlich im Buchhandel oder beim Verlag.
Änderungen vorbehalten.
Stand: Juli 2011.

Auf solche Fragen kann ein Blick auf die soziale Realität der Geschlechtsveränderung von Transsexuellen eine Antwort geben. Sie ist etwas komplizierter als die Liebhaber und Liebhaberinnen einfacher Tatsachen es gern hätten. Transsexuelle werden morgen schon gestern das Geschlecht gewesen sein, das sie heute noch nicht sind.

Die paradoxe Struktur der transsexuellen Geschlechtsveränderung lässt sich nur verstehen, wenn man nicht von Subjekten ausgeht, die ihr Geschlecht einfach wechseln können. Vielmehr gilt es, die Dimension der subjektiven leiblichen Erfahrung einzubeziehen und zu verstehen, wie diese mit einer objektivierten zweigeschlechtlichen Ordnung verschränkt ist.

www.vs-verlag.de

VS VERLAG

Abraham-Lincoln-Straße 46
65189 Wiesbaden
tel +49 (0)6221. 345 - 4301
fax +49 (0)6221. 345 - 4229

The manufacturer's authorised representative in the EU is Springer Nature Customer Service Centre GmbH, Europaplatz 3, 69115 Heidelberg, Germany. If you have any concerns regarding our products, please contact ProductSafety@springernature.com

Printed and bound by CPI Group (UK) Ltd, Croydon, CR0 4YY
25/03/2026
02078193-0009